Julia Schulze · Dieser eine Ort

buch & media

© *Evelyn van Kempen*

Julia Schulze, geboren 1980, studierte in Aachen Politikwissenschaft, Germanistik und Anglistik.

Seit 13 Jahren lebt sie in der Nähe von München und hat sich dort als Texterin und Kommunikationsberaterin selbstständig gemacht. Seit 2019 konzentriert sie sich auf ihre Arbeit als Schreibcoach (The Written You) und auf das literarische Schreiben.

Zwei ihrer Kurzgeschichten (*Ausgecheckt* und *Das ganze Leben*) wurden durch die Autorenschule Hamburg ausgezeichnet, eine davon mit dem ersten Platz und in einer Anthologie veröffentlicht (*Preisgekrönt* 2019 und 2020). Aktuell widmet sie sich ihrem nächsten Projekt: einem Familienroman.

JULIA SCHULZE

Ein See und seine Geschichten

Januar 2021
Buch&media GmbH München

Layout, Satz & Umschlaggestaltung: Johanna Conrad
Gesetzt aus der Adobe Garamond, Palafita & Baskerville
Printed in Europe
ISBN print 978-3-95780-224-8
ISBN PDF 978-3-95780-226-2
ISBN epub 978-3-95780-225-5

Buch&media GmbH
Merianstraße 24 · 80637 München
Fon 089 13 92 90 46 · Fax 089 13 92 90 65

Weitere Publikationen aus unserem Programm finden Sie auf
www.buchmedia-publishing.de
Kontakt und Bestellungen unter info@buchmedia.de

Für einen besonderen Ort.
Für einen besonderen Menschen.

Prolog

Grundlos

Ich sehe
keinen Grund.

Der See
verschluckt
meine Füße,
meine Hände,
mein Warum.

So sehr ich auch forsche,
mein Blick verliert sich im Trüben,
wo nur die Fische sich vergnügen,
flossenwedelnd
mal hier rum,
mal da rum.

Wo Grün ins Schwarz verläuft,
wo der See sich
bodenlos
an sich selbst besäuft,
hänge ich
gedankentriefend
und suche weiter
nach einem Grund.

(AUS MARTYS KLADDE)

Ella

1

In der Mitte des Sees

Die Feier war vorbei.

Alle waren sie gekommen, geblieben und wieder gegangen, haben Krümel und Wasserkränze auf Tischdecken hinterlassen und betretene Blicke mit nach Hause genommen.

Nur der dicke Rudi hatte, wie immer bei trinklastigen Gelegenheiten, schon frühzeitig seinen schweren Kopf auf seine Unterarme gebettet und schnarchte jetzt deutlich hörbar in die zurückgebliebene Stille des Wohnzimmers hinein.

Zigarettenrauch füllte die Luft und vermischte sich mit Parfüm und Haarspray. Ella rümpfte die Nase.

»Es war trotzdem ein schönes Fest«, dachte sie.

So wie es sein sollte, wenn man einer Person zu Ehren seine Zeit schenkte. Zeit, um vorher einen Kuchen zu backen, sich feine Kleidung herauszusuchen und dezent ein paar Tupfer Eau de Parfum aufzulegen, vielleicht die Haare zu toupieren oder den Bart zu stutzen. Zeit, die man auch anders hätte verbringen können: den Kuchen selbst essen, in bequemer Kleidung auf der eigenen Terrasse, auf der niemand sonst sitzt und schaut, ob du älter geworden bist oder eine schiefe Bügelfalte in der Hose mit dir spazieren trägst.

Genau dafür waren sie jedoch gekommen, die Leute mit ihrer Zeit und ihrem Kuchen. Fürs Schauen, dafür hatten die Leute immer Zeit. Dafür waren sie zu Ella gekommen.

Und trotzdem, es war ein schönes Fest. So wie es sein sollte, denn Xaver hätte es gefallen.

Ella saß auf der Kante eines Stuhls inmitten ihres Wohnzimmers und blickte aus dem Fenster hinaus, einer Erinnerung hinterher, die erst wenige Tage alt war …

Es war ein friedlicher Moment. Im Zimmer war es hell. Die milchige Morgensonne machte sich noch warm, um denjenigen einen heißen Tag zu bescheren, die diese Erde heute nicht verlassen würden. Vögel sangen ihr Lied, ein sanftes Rascheln der Bäume vor dem Fenster war zu hören.

Er hatte Ella gebeten, das Fenster weit aufzumachen, sodass der lichte Tag hereinströmen konnte, während das Leben aus ihm herausströmte, langsam und bedächtig, aber unaufhaltsam, bis nichts mehr davon übrig blieb. Von ihm, Xaver, der Ellas Wärme und Licht gewesen war, so viele Jahre lang.

Sie saß an seinem Bett, eine Hand im Rücken, um sich selbst zu stützen, die andere in seiner Hand. Ihre Daumen rieben zart aneinander, und gemeinsam lauschten sie seinem Atem. Sie hatten beide die Augen geschlossen. So konnten die Bilder aus vergangenen Tagen unbeschwert hinter den Lidern tanzen.

Es war alles gesagt.

Und plötzlich verstummten die Vögel, vielleicht weil gerade eine Katze um den Baumstamm schlich oder die steigende Mittagshitze sie zur Ruhe verdammte oder, und dieser Gedanke gefiel Ella am besten, weil sie genau wie sie hörten, wie Xaver von ihnen ging. Irgendwohin, wo es mindestens genauso so friedlich sein würde – und wo er keinen Atem mehr brauchte, den ihm seine Lungen nicht mehr hatten schenken können.

Genau fünf Tage war das her, fünf Tage …

Ella schob die Erinnerung an ihren letzten Moment mit Xaver zur Seite, erhob sich und räumte einen Teller nach links und ein leeres Glas nach rechts. Sie stupste Rudi an, um ihn zu wecken.

Sein Schnarchen stoppte augenblicklich, und er blinzelte Ella aus rot umränderten Augen an. »Schon vorbei?«, fragte er.

»Ja, Rudi, alles vorbei. Und du musst jetzt mal gehen.« Ella räumte weiter Geschirr zusammen.

»Mach ich, Ella. Bin schon weg.« Er hievte seinen Körper vom Stuhl, ein wenig unsicher auf den Beinen und mit einem scheuen Blick nuschelte Rudi noch: »Mein Beileid, Ella. War ein guter Mann, dein Xaver.« Mit langsamen Schritten verschwand er über die Terrasse und ließ Ella in ihrem Wohnzimmer zurück.

»Alle sind sie gekommen«, dachte Ella, »obwohl ich niemanden darum gebeten habe.«

Alle, bis auf eine Person: ihre Tochter. Der einzige Mensch, den sie vielleicht gebeten hätte. Aber das war eine andere Geschichte. Ella hätte gar nicht gewusst, wo sie jetzt lebte, wie sie sie hätte erreichen können. Ihre Tochter wollte auch nicht mehr erreicht werden, seit vielen Jahren schon. War es dann nicht mehr als verständlich, dass Ella allein Abschied hatte nehmen wollen? Von ihrem Mann und ihrem Leben zu zweit, denn das war es die meiste Zeit gewesen, ein geteiltes, aufeinander eingespieltes Leben.

Nein, Ella hatte niemanden eingeladen, aber wie das hier so war: Keiner hatte sich daran gehalten. Denn das Sterben war hier eine öffentliche Angelegenheit. Ein jeder gab die Kunde weiter, über den Gartenzaun oder über die Ladentheke, wenn der Tod wieder die Runde gemacht hatte, und das tat er mit zunehmender Regelmäßigkeit.

Hier ging niemand unbemerkt. Nicht einmal Lebende, die wegzogen, weil sie es zu Hause nicht aushielten, Töchter, die ihr Glück und ihre Freiheit fernab der Meinung ihrer Mutter suchen wollten, auch die waren nicht unbemerkt gegangen. Ella atmete tief ein.

Wie oft hatten sie beide, Ella und Xaver, am Fenster gestanden, gewartet, dass ein Auto vorfuhr und ihnen ihre Tochter zurückbrachte. Stattdessen hatte sich irgendwann auch diese Hoffnung davongestohlen. Und die stillen Vorwürfe und das leise Getuschel über Ella, die ihre Tochter vertrieben hatte, waren verstummt.

Vorwürfe an die wunderliche Ella. Ella, die nie einer Einladung gefolgt war, weil Ella nicht gerne folgte. Getuschel über die schweigsame Ella, die am Dorfrand wohnte mit dem netten Doktor, der immer einen Rat wusste für das Leiden, Zipperlein und Herzeleid seiner Patienten. Und viele Vermutungen über die unnahbare Ella, die man eigentlich fast nie sah, es sei denn, man fuhr zum See hinaus.

Ella, die Rabenmutter.

Sie hatte immer gewusst, was das Dorf über sie dachte. Auch ihr Mann hatte sich das ein oder andere über seine Frau angehört, während er das Stethoskop an Brustkörbe setzte. Manchmal hatte er ihr abends davon erzählt. Anfangs hatte Ella sich über das Gerede noch erzürnt, und Xaver hatte seine große Hand auf ihre zarte gelegt: »Lass sie reden, meine Wasserelfe.«

Ella, die Wasserelfe, die neben ihrer Liebe zu Xaver noch eine weitere Liebe hegte und pflegte, eine, die erst mit *ihrem* Tod enden würde – ihr See-Ritual. In den frühen Morgenstunden, wenn der Dunst noch über der stillen Wasseroberfläche hing, oder spät am Abend, wenn die Sonne dem Horizont sehr nahe stand, fuhr Ella zum See. Zu *ihrem* See, so sah sie das, und sie liebte es, wenn sonst niemand dort war. Sie stellte ihr Fahrrad am Baum ab, streifte sich die Kleider vom Leib und stieg, Fuß vor Fuß, über die kantigen Kiesel. Die Kälte zog an ihren Waden hoch. Bis zum Bauch stand sie im Wasser und ließ es um ihre Bauchdecke, Hüften und ihren Rücken kreisen. Ein tiefes Einatmen, dann tauchte sie unter, und über ihr schwappte das Wasser zusammen. Dieser Moment, wenn das kühle Seewasser an ihrer Kopfhaut entlangzog, brachte Ella immer das größte Vergnügen. Tausend kleine Glücksperlen rollten dann über ihren Körper hinweg und durch sie hindurch. Sie machte ein, zwei kräftige Züge unter Wasser, nur um mit einem Lachen aufzutauchen und sich eine Weile auf dem Rücken treiben zu lassen.

Was gab es Schöneres in dieser Sekunde? Es gab nie etwas Schöneres.

So hatte Xaver Ella gefunden.

Knapp unter der Wasseroberfläche auf dem Rücken treibend. Nur ihr Gesicht hing wie ein nasser Mond über dem dunklen Grün des Sees. Die Ohren unter Wasser, der Stille unter ihr lauschend. Die Nasenspitze in den Himmel und die Arme weit von sich gestreckt. Ihre langen Haare breiteten sich wie Wasserlilien um ihren Kopf herum aus, während ihre Beine sich leicht nach unten bogen. Sie glich einer Hochspringerin, die sich am höchsten Punkt über die Stange bog, bevor sie nach unten fiel. Aber Ella schwebte dort, in der Mitte des Sees. Sie betrachtete den Himmel über sich und verlor sich in den Elementen. Luft und Wasser – dazwischen Ella, ein kleines Teilchen in dieser verstummten Welt.

Xaver hatte ihr einmal erzählt, dass es für ihn nie etwas Schöneres gegeben hatte als den Anblick der badenden Ella an diesem zufälligen Morgen. Dass er diese Frau kennenlernen musste und für immer bei ihr bleiben wollte.

Er hatte sich ihr mit einem wilden Wasserschlagen genähert, das Ella jäh aus ihrem schwebenden Zustand riss. Sie verschluckte sich und strampelte ärgerlich.

»Eine Wasserelfe«, keuchte Xaver und lächelte Ella dabei an.

Und so trieben sie wie zwei Bojen im Wasser und blickten einander an. Wassertropfen glitzerten in seinen Wimpern. Ella traf auf ihren Xaver, und die Liebe traf sie beide. Genau hier, in der Mitte des Sees, der am frühen Morgen so klar war, dass man den Grund sehen konnte.

Und die Liebe blieb. Über vierzig Jahre. Dann hörten Xavers Lungen auf zu arbeiten.

Nachdem sein letzter Atemzug aus dem Fenster gezogen war, schwamm Ella lange im See, länger als sonst, und als ihre Haut Wellen warf und ihre Finger noch schrumpeliger aussahen, als ihr Alter es vorsah, fasste sie einen Entschluss: Xaver verdiente einen besonderen Platz für seine letzte Ruhe.

Das gesamte Dorf hatte auf der Beerdigung um Xavers Grab gestanden. Die Bewohner legten Kränze und Blumen nieder, schüttelten Hände und sagten schwere Worte, wie das an schweren Tagen gemacht wurde, in der besten Kleidung, um dann schweren Herzens ein paar Stücke Kuchen in schwerem Schweigen zu essen.

Es waren bedrückende Tage, wenn das Dorf einen von ihnen verlor, und der Herr Doktor war schon ein besonders netter Mensch gewesen. Sie hätten sich ein ordentliches Grab für so einen anständigen Menschen gewünscht, mit einem tröstlichen

Spruch auf Marmor und einem Platz für Ella direkt daneben. Aus einem Toten, einem ehrbaren Bürger obendrein, ein Häuflein Asche zu machen, das gehörte sich doch nicht. Und was wohl die Tochter dazu sagen wird, sollte sie jemals zum Grab kommen?

»Wen kümmert das noch«, dachte Ella.

Sie hatte die vorwurfsvollen Minen ertragen und gewartet, bis das stille Fest vorüber und alle gegangen waren.

Da stand sie nun, in ihrem Wohnzimmer, das jetzt noch leerer wirkte, nachdem so viele Menschen darin gesessen hatten.

»Es wird Zeit, Xaver«, sagte sie laut und war bereit, ihr Vorhaben in die Tat umzusetzen.

Sie hatte den Dorfbewohnern einen Ort des Gedenkens an ihren Doktor geschenkt – ein kleines Urnengrab für ihre Gestecke. Aber Xaver selbst gehörte an einen anderen Ort. Ella ging nach oben ins Schlafzimmer, holte, was zu holen war, und fuhr zum See.

In der Mitte des dunklen Grüns angekommen, drehte sie sich auf den Rücken, das ovale Gefäß in beiden Händen auf ihrem Bauch. Nur mühsam hielt sie sich ohne die Unterstützung der Arme mit paddelnden Füßen über Wasser. Ihr Körper zog sie sanft nach unten, bis sie keine Kraft mehr hatte.

Sie gab nach und ließ sich sinken. Ihre Hände umklammerten immer noch das Gefäß. Bilder von Xaver tauchten auf, ihre kleine Tochter auf seinen Schultern, lachend. Xaver, der seinen Arm um Ella legte, als sie ihrer Tochter hinterherschauten, wie sie durch den Vorgarten in ein neues Leben marschierte, ohne zurückzublicken, ohne umzukehren. Und Xaver, immer wieder Xaver und sein mildes Lächeln.

Der Himmel über ihr verschwand, die Stille war tief und endgültig. Eine Luftblase verließ ihren Mund und suchte sich den Weg nach oben. Sie schaute ihr hinterher. Dann ließ sie los.

Und während die Urne mit Xavers Asche darin nach unten sank, trieb Ella wieder nach oben. Der weite Himmel begrüßte sie, und frische Luft drang in ihre Lungen. Tränen und Wasser rannen über ihr Gesicht.

Sie nahm das vertraute Ufer wahr, mit den alten Bäumen, dem wilden Gras und ihrem Rad, das an einem Stamm lehnte. Alles war noch da und würde noch lange nach ihr hier sein, wenn *sie* das letzte Mal im See baden gehen würde.

Ein heißes Strömen erfüllte Ella. Denn dankbar war sie – für die Liebe, die ihr, Ella, hier einst begegnet und bei ihr geblieben war.

Sie wischte sich mit der Hand über ihr Gesicht und schwamm langsam, mit großen Zügen, zum Ufer zurück. Hinter ihr ruhte Xaver jetzt auf dem Grund ihres Sees und mit ihm ein Satz, den sie erst mit seinem Tod begriffen hatte: »Zur Liebe gehört auch das Loslassen. Du musst loslassen können, meine Wasserelfe.«

2

Jona

Unter dem Eis

Es war noch sehr früh am Morgen. So früh, dass selbst Mama noch tief und fest schlief und nicht mitbekam, wie er auf rutschigen Socken die Treppe hinunter durch den Flur schlich, dort seine Schneestiefel über die Hose stülpte und seine dicke Jacke anzog, eine dunkelblaue Daunenjacke mit Kapuze und einem kleinen Riss an der Seite von der letzten Schlittenfahrt, bei der er ungebremst durch eine Hecke gerast war. Trotzdem war es ein Riesenspaß gewesen!

Die Socken saßen schief um den Fuß und bildeten kleine Knubbel an den Sohlen, aber das durfte ihn jetzt nicht abhalten. Jona hatte etwas Wichtiges vor, da konnten ihn auch die Socken-Hubbel in den Schuhen nicht aufhalten.

Er hatte sich alles genau überlegt, auch, was er heute brauchen würde. In der Jackentasche tastete er nach dem Stück Schnur und dem kleinen, spitzen Haken. Gut, es war alles da, fehlte nur noch der Stock. Den würde er im Schuppen finden, dort, wo vieles lag, das Papa nicht mehr brauchte, und vieles, das Jona aufheben wollte. Er schlüpfte durch die Haustür und zog sie leise zu.

Die Luft war eisig und schnitt ihm in die Wangen. Es hatte wieder geschneit. Wenn gleich die Sonne aufging, würde es ein perfekter Wintertag werden.

In einer Ecke des alten Schuppens fand Jona den Stock, den er seit dem letzten Winter hier aufbewahrte. Jetzt hatte er alles. Es konnte losgehen.

Friedlich, wie das Weiß sich über alles gelegt hatte, wie eine dicke, warme Decke. Jona stellte sich vor, wie sich Grashalme, Äste und Sträucher in die Schneedecke kuschelten und träumten, vielleicht von den ersten warmen Sonnenstrahlen, vielleicht auch von Bienen oder Eichhörnchen, die sich mit ihnen unterhielten, vielleicht auch von Außerirdischen, die auf der Suche nach Treibstoff für ihr Schiff waren. Sie würden weiterfliegen müssen, denn wie ein Schutzmantel bewahrte die Schneedecke die Natur davor, entdeckt zu werden.

Vom Himmel aus musste das schön aussehen, die Welt wie eine riesige Zitroneneiskugel.

Seine Stiefel versanken tief. Manchmal verirrte sich ein Schneeklumpen in den Stiefelrand und hinterließ einen nassen Fleck an der Wade. Das machte nichts, er würde sich nachher umziehen und einen heißen Kakao trinken. Mama machte den besten Kakao. Er freute sich schon darauf.

Aber erst musste er zum See hinunter.

Der lag sanft eingebettet zwischen den Bäumen, die bauschige Federkissen aus Schnee trugen. Der See und alle seine Geheimnisse hielten Winterschlaf, verborgen unter einer festen Eisdecke. Nur die Sonne war jetzt wach, ein wenig lahm, aber wach genug, um einen glitzrigen Zauber auf den See zu werfen.

Vorsichtig setzte er einen Fuß auf das Eis. Es knarzte leise. Er musste jetzt gut aufpassen, dass die Eisdecke ihn auch tragen würde. Am Ufer, so hatte Papa gesagt, könne das Wasser nämlich nicht so gut gefrieren, weil es flacher und nicht so kalt sei. Okay, einen großen ersten Schritt. Kurz warten. Gut hinhören. Wenn die Eisdecke schwieg, erlaubte sie auch, weiter auf ihr herumzuspazieren. Jona konnte nichts hören, also machte er weitere große Schritte, schob den Schnee mit seinen Stiefeln zur Seite und zog seine Spur über den See, der eigentlich ihr gemeinsamer See gewesen war: zum Baden, zum Tauchen, zum Hockeyspielen und Eislaufen. Hier hatten Jona und sein Bruder schwimmen gelernt und Wasserläufer gefangen. Mit Püppi, dem Hund ihrer Nachbarn, am Ufer gespielt und Wettrennen zum Kiosk veranstaltet.

Nur zum Eisangeln hatte er nie mitgedurft. Letztes Jahr hatte er seinen Bruder angebettelt, dass er ihn doch endlich einmal mitnehmen solle.

»Im nächsten Winter, Jona, dann bist du groß genug, und ich nehm dich mit«, hatte sein Bruder stattdessen geantwortet. »Dann angelst du, ich schau nur zu, und du bringst uns einen Fisch mit, einverstanden?«

»Versprichst du's?«

»Ich versprech's dir, Kleiner.«

Ungeduldig und voller Vorfreude auf das gemeinsame Abenteuer hatte Jona seinem Bruder hinterhergeschaut.

Als Jona ungefähr in der Mitte des Sees angekommen war, kniete er sich hin, schob Schnee beiseite und schielte durch das freigewordene Loch. Dunkel war es darunter. Aber er wusste, dass die Fische dort auch im Winter waren, wo sollten sie auch hin? Und außerdem machte Fischen das kalte Wasser nichts aus, durch ihren Körper floss kälteres Blut, hatte Papa ihm erklärt.

Gemeinsam losziehen, ja, das hatten sie sich vorgenommen. Weil das jetzt nicht mehr ging, musste er das hier allein schaffen. Wenn er einen Fisch fangen würde, so dachte Jona, würde sein Bruder, wo immer er jetzt auch war, sehr stolz auf ihn sein, und seine Eltern auch. Vielleicht würde seine Mutter ihn zubereiten und ihm das erste Stück zum Probieren lassen. Ja, das war ein guter Plan. Er würde das auch allein schaffen. Er war jetzt groß genug, das hatte sein Bruder ihm schließlich auch gesagt.

Kräftig stieß er mit dem Stock gegen die Eisdecke. Einmal, noch einmal. Ein dumpfes Pochen gab die Eisdecke zurück, widerwillig, bis sie entnervt nachgab. Kleine Risse zeigten sich. Jona hob den Stock immer wieder an, bis das Eis ein kleines Loch freigab, durch das der Angelhaken passte.

Seine Hände waren rot und eiskalt. Warum hatte er nur die Handschuhe vergessen? Er betrachtete die blauen Linien unter seiner Haut und seine blassen Finger – wie die Hände von Außerirdischen. Mit tausend kleinen Adern, durch die eine dunkle Flüssigkeit lief, die Zauberkräfte enthielt. Mit steifen Fingern band er das Stück Schnur um den Stock, fest und mehrfach, so wie er es bei seinem Bruder viele Male beobachtet hatte. Den Angelhaken an die Schnur, fertig war seine erste Eisangel. Stolz hielt er sie in die Luft, dann tauchte er den Haken in das schwarze Wasser und dachte, dass die Fische nun bestimmt einen Heidenschreck bekamen.

Er beugte sich näher zum Wasser hin. So dunkel war es gar nicht. Es schimmerte und funkelte. Er beugte sich tiefer, noch tiefer, noch näher ran an das Loch.

Es gluckerte unter ihm.

Ein Knarzen. Ein Knacksen. Ein Schwappen.

Plötzlich sah er überall kleine leuchtende Sterne aufblitzen.

Kalt war ihm nicht. Auch nicht warm. Irgendwo dazwischen, es war schwer zu sagen. Auf jeden Fall brauchte Jona die Stiefel nicht mehr. Er ließ sie von seinen Füßen gleiten und trieb durch das Glitzern, das ihn umgab. Er drehte sich und sah die Fische, die er eigentlich hatte angeln wollen.

Sie lächelten ihn an! Ihre Blubb-Münder waren leicht geöffnet, und ihre Flossen paddelten hin und her, als würden sie ihm zuwinken. Ein Fisch kam besonders nah. Dann drehte er schnell wieder ab.

Jona war froh, schwimmen und tauchen gelernt zu haben. Mit kräftigen Froschbeinschlägen tauchte er hinter dem Fisch her. Es ging sehr tief abwärts, Wasserranken, lila und goldglänzend, streiften seine Jackenärmel. Er tauchte tiefer. Das Wassergras wurde immer dichter, bis es sich auf einmal auftat wie ein Vorhang. Dahinter war es hell. Und aus dem Licht kam ihm von unten jemand entgegengeschwommen. Ein großer dunkler Punkt näherte sich. Ein Mensch.

Jona traute seinen Augen nicht. Finn!

Finn tauchte durch das Seegras hindurch auf Jona zu, Luftblasen sprudelnd und winkend. Finn hatte richtige Froschhände bekommen. Lange knotige Finger, gar nicht schrumplig, sondern glatt und kräftig mit Schwimmhäuten dazwischen.

Aber es war eindeutig Finn, sein großer Bruder Finn. Den Jona seit genau einem Jahr und drei Tagen mehr als vermisste. So sehr, dass ihm manchmal das Atmen wehtat und er zu seiner Mutter gelaufen war, weil er dachte, er würde ersticken.

»Mein kleiner Jona, das ist der Schmerz. Wenn er sehr groß ist, bläht er sich riesig auf – hier drinnen«, seine Mutter hatte ihre Hände auf seinen Brustkorb gelegt, genau dahin, wo es so schmerzte. »Mir tut es hier auch weh, wenn ich an ihn denke, weißt du?«

Davon war der Schmerz zwar nicht weggegangen, aber wenigstens hatte Jona keine Angst mehr gehabt. Im Gegenteil, er hatte vermutet, dass Finn vielleicht einfach in seinem zu kleinen Brustkorb hauste und an die Rippen stieß.

Und jetzt? Nichts tat weh, nichts schmerzte. Finn hatte einen neuen Platz gefunden, hier unten, bei den Fischen.

Finn nahm Jona an die Hand. Gemeinsam schwammen die Brüder durch das Seegras. Finn zeigte Jona den See von einer Seite, wie er ihn noch nie gesehen hatte. Hier, unter der Eisdecke, wo Menschen nur sehr selten hinkamen. Sie wussten nichts von der schillernden Welt der lächelnden Fische.

Mama und Papa würden staunen, wenn er ihnen nachher davon erzählte. Aber erst hatte er noch eine Menge Fragen. An Finn. Wie redete man unter Wasser? Und wie atmete man? Wie lebte man überhaupt hier? Er strampelte hinter seinem Bruder her, der immer schneller schwamm.

»Finn! Finn, hörst du mich? Ich muss gleich zurück, warte, schwimm nicht weg …«

Er hatte Mühe mitzuhalten, und der Abstand zwischen ihnen wurde größer. Jona bekam Angst.

»Finn, bleib hier!«

Um sie herum wurde es immer heller, vielleicht weil sie wieder so nah an der Eisdecke schwammen oder weil es hier unten noch ein anderes Licht gab, eines, von dem Jona noch nie etwas gehört hatte. Er musste Finn fragen, ob es eine Erklärung dafür gab … Finn!

Plötzlich wurde es sehr hell. Gleißend hell. Jona musste die Augen kurz zusammenkneifen. Er hoffte, Finn nicht aus den Augen zu verlieren. Er hatte ihn doch schon einmal aus den Augen verloren, weil Augen nicht alles festhalten konnten, manches einfach wegrutschte und weder von Augen noch von Armen gehalten werden konnte.

Da tauchten auf einmal Mama und Papa auf.

Mama links neben ihm und Papa rechts, ein bisschen weiter entfernt. Aber Finn war weg. Wo war Finn? Es war immer noch sehr hell, aber es hatte aufgehört zu glitzern. Weißes Licht stach Jona in die Augen. Er konnte nichts mehr erkennen.

»Ich muss einfach die Augen zumachen«, flüsterte er.

»Jona, komm zurück.« Mamas Stimme.

Aber ja doch, er war doch da, wo sollte er auch sein? Was wollte Mama denn? Gab es schon Frühstück?

Aber er hatte noch gar keinen Fisch gefangen. Er wollte doch einen Fisch mitbringen. Eine Überraschung sollte es werden.

Er öffnete die Augen wieder, und wieder saßen seine Eltern neben ihm. Auf einem Bett, das nicht seines war. Es war viel zu weiß. Wie die Schneedecke, nur wärmer ... Er tauchte wieder darin ein. Er fühlte sich steif und müde, unendlich müde, so müde, dass ihm die Augen wieder zufielen.

»Jona.«

Jemand drückte seine Hand, dann spürte er eine warme Handfläche an seiner Wange. Er blinzelte und sah, wie Mama ihn anlächelte. Sie hatte keinen Blubb-Mund. Alles an ihr war schmal, auch ihre Augen, aus denen Tränen tropften und auf seine Bettdecke plumpsten. Warum weinte sie denn?

»Mama, ich hab Finn gesehen.«

»Oh Gott, mein Schatz.«

Ihr schmaler Mutterkörper drückte sich gegen seinen Brustkorb. Jona musste husten. Husten tat weh. Er stöhnte. Sofort ließ seine Mutter ihn wieder los.

»Entschuldige, mein Kleiner, ich bin einfach so froh, dass du bei uns bist, dass es dir gut geht. Ich hätte es nicht ertragen, wenn du auch noch ... dieser verdammte See!«

Wieder eine Träne. Was war denn los?

Jona musste ihnen von Finn erzählen. Dass Finn gar nicht weg war. Dass er eigentlich einen Fisch hatte angeln wollen und stattdessen seinen Bruder wiedergefunden hatte. Wenn er mehr Zeit gehabt hätte, vielleicht wäre Finn dann mitgekommen und sie hätten doch gemeinsam ... So wie Finn es eben versprochen hatte, bevor er für immer unter dem Eis verschwunden war. Weil es diese eine dünne Stelle gegeben hatte.

»Mama, Finn hat Froschhände und kann irre schnell schwimmen damit. Er ist da unten im See!«

»Ach, Jona«, seufzte seine Mutter. »Wir haben doch darüber gesprochen. Finn ist jetzt woanders, nicht mehr im See, irgendwo anders, und nicht mehr bei uns. Er ist …«

Mama hatte keine Ahnung! Er, Jona, wusste, wo Finn jetzt war. »Nein, nein, ich weiß es ganz sicher, wir sind zusammen getaucht.«

Seine Mutter sah weg, suchte den Blick von seinem Vater, der am Fenster stand, mit dem Rücken zu Jona.

Jona verstand nicht. »Das ist doch eine gute Nachricht! Finn ist gar nicht tot!«

Er versuchte es ein letztes Mal: »Mama, Papa, Finn geht es gut, ich weiß es, ich habe es mit eigenen Augen gesehen. Unter dem Eis.«

Da drehte sich sein Vater zu ihm um, mit seinem Blick, der zurückgekommen war, zurück aus der Ferne, zurück ins Krankenhaus, in sein Zimmer, an sein Bett, zurück zu ihm, Jona. Er lächelte ihn an, und Jona konnte seinen Bruder darin erkennen, das schiefe Lächeln, das Lächeln, bevor Finn das letzte Mal zum See losgezogen war, das Lächeln, als er heute Morgen durch das Gras getaucht kam und ihm zugewunken hatte.

»Ja, das ist eine gute Nachricht, Jona«, sagte sein Vater.

3

Paula

Das Ultimatum

»Wenn er mich bis zum Ende des Sommers nicht küsst, dann ist endgültig Schluss.« Damit setzte Paula Frederik ein Ultimatum, von dem dieser nichts wusste.

Und der Sommer kam, die Zeit lief und nichts passierte. Dabei hatte es genug Gelegenheiten gegeben; Schulpausen, Partys, Busfahrten, Schulausflüge … Sie war sich so sicher, dass Frederik Interesse an ihr hatte. Ganz sicher.

Am letzten Schultag verließ Paula das Schulgebäude mit Tränen in den Augen. Sechs Wochen keine Schule hieß, sechs Wochen keine Pausen, keine gemeinsamen Schulstunden mit Frederik, um sich Zettelchen zu schreiben oder lange Blicke zuzuwerfen. Wieder dieses Sehnen, das sie ungeduldig durch die Ferien zerren würde bis zum nächsten Wiedersehen.

Gerade, in der letzten Stunde, als die Englisch-Referendarin Lehrprobe hatte, hatte sie zu Frederiks Platz geschielt und war fürchterlich errötet, als sie bemerkte, dass er sie wohl schon länger angesehen hatte. Schnell hatten beide weggeschaut und die Frage der jungen Lehrerin verpasst.

»I'm sorry.«

»Love is all you need«, hatte Paula auf ihren Tisch gekritzelt. Dann hatte es geklingelt, und die Schule sie in die Ferien entlassen.

Und jetzt? Frederik verschwand im Getümmel, und Paula blieb zurück. Sie wartete auf Annika. Sie wollten beide zum See – raus und bloß nicht nach Hause, wo sich Paulas Liebeskummer ungestört ausdehnen würde, ungestört, weil niemand dort war, der ihn aufhalten oder ablenken konnte. Ihre Eltern arbeiteten, wie immer eigentlich. Auf die stille Wohnung hatte sie wirklich keine Lust.

»Hey, Pauli!«, rief Annika und stand wie eine Welteneroberin auf der obersten Stufe der Eingangstreppe. »Bye, bye, Schule! Hallo, Ferien!«

Sie streckte beide Arme in die Luft, wirbelte herum und drückte Paula an sich. »Komm, lass uns endlich fahren.«

Zu ihrem Stammplatz, zu dem kleinen Stück aufgeschüttetem Sand unter der dichten Krone des alten Ahornbaums. Nicht weit vom Kiosk, wo es das beste Eis oder auch das ein oder andere Bier zu holen gab.

Sie brauchten nicht lange, bis sie das Glitzern des Wassers durch die Büsche erkennen konnten.

»Ich liebe dieses Stückchen Erde wie kein anderes«, sagte Paula und breitete ihre Decke aus.

»Ich auch.«

»Ich noch viel mehr.«

»Das stimmt. Paula und der See. Meinst du, Freddi kommt dann immer mit? Wenn ihr endlich mal zusammen seid?«

Paula rollte mit den Augen. »Na klar, wer mich liebt, muss auch den See lieben.«

»Na, dann sag das mal Frederik.«

»Wann denn? Und wie? Mann, seit der sechsten Klasse renn ich dem schon hinterher.«

»Das musst du *mir* nicht erzählen – ich bin schließlich langjährige Augenzeugin deiner Freddimania.«

»Ich sag's dir, wenn das diesen Sommer nix wird, dann …«

»Was dann?«

»Ach nichts. Komm, lass uns schwimmen.«

Sie zogen sich um und rannten ins Wasser. Frisch und kalt umschloss es Paulas Körper. Sie tauchte ab, und ihre Lippen formten Worte, die in dicken Luftblasen aus ihrem Mund an die Oberfläche schwebten: »Komm und küss mich endlich!«

Als Paula wieder auftauchte, sah sie Frederik. Ihr Herz setzte für den Bruchteil einer Sekunde aus, bevor es in einen neuen, schnelleren Takt fand. Er war tatsächlich da, am Ufer, mit einem Kumpel, und sah sich nach einem Liegeplatz um.

»Nika, schau, wer da ist.«

»Ohhhh, dein süßer Frederik.« Annika machte einen Kussmund.

»Lass das, du Spinnerin.«

»Soll er sich doch zu uns setzen, oder?«

»Nein, warte … Doch, ja, aber nein, lieber nicht. Ich will nicht, dass er mich so …«

Zu spät für Einwände. Annika hob ihre Hände und stapfte winkend an Land. »Hey, Freddi! Frederik, hier sind wir!«

Paula kam hinter ihr her. Dieses verdammte Herzklopfen. Je wilder ihr Herz schlug, desto eher verschlug es ihr die Sprache, wenn Frederik in der Nähe war. Als sie aus dem Wasser kam, zog sie reflexartig ihren Bauch ein wenig ein und strich ihre Haare glatt. Es war anstrengend, nach den richtigen Worten zu suchen und sich gleichzeitig in der besten Pose zu zeigen, wenn nur zwei kleine Stoffteile den Körper bedeckten. Auf keinen Fall sollte Frederik sie von hinten sehen. Ihren Hintern und die unförmigen Oberschenkel.

»Hi, Annika. Hi, Paula.«

Und da war er wieder, der leicht verlängerte Blickkontakt.

»Hi, Frederik.« Mehr fiel ihr nicht ein. Viel mehr fiel ihr eigentlich nie ein. Wieso schaffte er es jedes Mal, sie so einzuschüchtern?

»Kommt, legt euch doch zu uns.« Annika zog die Liegedecken ein wenig zur Seite.

Annika dagegen war so unerschrocken, dass Paula sie im Stillen beneidete.

»Ja, cool. Komm, legen wir uns zu den beiden.« Frederik rollte eine Matte aus. »Ach ja, übrigens, mein Kumpel Linus. Das sind Annika und Paula aus meiner Stufe.«

»Hi.« Linus hob kurz die Hand zum Gruß und versenkte seinen Blick in seinem Rucksack.

»Der scheint ja nicht wirklich Lust auf unsere Gesellschaft zu haben«, dachte Paula.

Linus legte sich an den Rand, Frederik quetschte sich zwischen Paula und Annika. Paula drehte sich auf den Rücken, die Beine angewinkelt, auf die Ellbogen gestützt, bis alles wohlproportioniert aussah und nichts kommentiert werden konnte. Sie hatte oft genug gehört, wie Frederik Mädchen im Vorbeigehen begutachtete.

»Seid ihr öfter hier?«, fragte Frederik.

»Jeden Tag. Also Paula jedenfalls. Das ist *ihr* Platz, er ist ihr heilig. Also benimm dich«, erklärte Annika.

»Verstanden. Aber, hey, wisst ihr, dass hier letzten Winter ein Junge ertrunken ist? Ist alleine aufs Eis gegangen und zack, bricht er ein. Echt heftig. Ich glaub, die Eltern wohnen noch hier am See, dahinten in dem Haus. Mit dem kleinen Bruder.«

Er wandte den Kopf zur rechten Seite. Hinter einer kleinen Anhöhe waren die Dachziegel eines Bauernhauses zu sehen.

»Oh Mann, jetzt verdirb uns bitte nicht die Laune, Freddi.« Annika schubste Frederik, und Frederik schubste Annika zurück.

Ein bisschen zu viel Körperkontakt, fand Paula und überlegte fieberhaft, was sie dazu sagen konnte. Die Geschichte bedrückte sie immer wieder. Natürlich hatte sie davon gehört. Sie war hier aufgewachsen, sie kannte den See in all seinen Facetten, auch in seinen dunkelsten.

»Ja, man hat den Bruder wohl auch nie gefunden.« Frederik ließ das Thema nicht los, ritt weiter darauf rum. Konnte er nicht ein bisschen … taktvoller sein?

»Jetzt erzähl mir nicht, hier schwimmt noch irgendwo 'ne Leiche rum.« Annika verzog das Gesicht.

»Nika!« Paula war entsetzt. Über diese Vorstellung und über das Gehabe ihrer Freundin, das Frederik auch noch zu gefallen schien. Er betrachtete die beiden Mädchen mit einem amüsierten Blick.

»Ich glaube nicht, dass er noch hier ist.« Das kam von Linus. Paula drehte sich zu ihm.

»Aber wenn ihr mich fragt, dann ist er ganz woanders. In irgendeiner Parallelwelt oder so was.«

»Alter, was redest du für einen Quatsch?«, rief Frederik dazwischen und schlug mit einem Handtuch nach seinem Freund.

»Wieso nicht?« Linus wich den Schlägen aus.

»Ja, warum nicht?«, sagte Paula. So etwas musste auch für den überlebenden Bruder und die Eltern ein Trost sein.

»Ohhhh, ich halt's nicht aus. Will jemand ein Bier? Ich geh mir eins holen.« Annika stand auf.

»Bring mir eins mit«, sagte Frederik und blinzelte schelmisch zu Annika hoch.

»Hol's dir selbst, Macho.« Auf ihren langen Beinen stolzierte sie Richtung Kiosk.

»Okay, okay, ich geh mir auch was zu trinken holen.« Frederik stand ebenfalls auf.

Paula wurde unruhig. Sie schaffte es einfach nicht, mit Frederik einmal allein zu sein, und gleichzeitig war sie froh darum. Als er außer Sichtweite war, ließ sie sich auf ihr Handtuch fallen. Ihre Bauchmuskeln entspannten sich, und sie seufzte laut.

»Kann nerven, der Kerl, oder?«

Paula schreckte hoch. Sie hatte Frederiks Freund völlig vergessen.

»Ach nö, ich mag ihn.« Hatte sie das tatsächlich gesagt? Heiße Röte schoss ihr in die Wangen. »Also ich find ihn nett.«

Da wusste sie, dass sie sich verraten hatte. Linus grinste über das ganze Gesicht.

»Alle Mädels finden Fred ›nett‹.« Seine Hände malten Anführungszeichen in die Luft.

»Halt bloß die Klappe!«

»Ich werde schweigen.« Linus kreuzte Mittel- und Zeigefinger. »Ich schwör's.«

Paula sah, wie er ein Lachen unterdrückte, und glaubte ihm kein Wort. Trotzdem musste sie schmunzeln.

Sie richtete sich auf und blickte über den See. Ihren See. Es war ein perfekter Sommertag, das Licht glitzerte auf der Wasseroberfläche, von überall drangen Kindergeschrei, Geplansche und von etwas weiter her das Getobe vom Volleyballfeld an ihr Ohr. Das Südufer war heute dicht belegt von den Nackten. Rauchschwaden zogen über die Wiese auf der anderen Uferseite und lockten mit dem würzigen Duft von Grillfleisch. Ein paar Gesichter kamen ihr bekannt vor. Menschen, die wie sie oft oder über viele Jahre hierherkamen – zum Baden, Sonnen, Spazierengehen. Im FFK-Bereich entdeckte sie auch den Typen, der seit ein paar Wochen immer allein unter einem Baum im Schatten lag, man kannte hier nur seinen Nachnamen, irgendwas mit K. Ganz in seiner Nähe lag ein weiteres Handtuch. Ob er jemanden kennengelernt hatte oder genau wie sie noch immer von einem Kuss von einer ganz bestimmten Person träumte? Am anderen Ende des Sees sah sie einen cognacfarbenen Cockerspaniel ins Wasser rennen, ein einziges Gespritze aus Fell und Wasser. Das musste Püppi sein. Und die Frau daneben Annikas Mama.

Zwischen Annikas Eltern lief es nicht gut, aber darauf durfte Paula sie nicht ansprechen. »Hör mir bloß auf mit meinen Eltern. Sobald ich mein Abi hab, bin ich hier weg!«

Paula glaubte Annika aufs Wort. Ihre Freundin würde sicherlich so weit weg wie möglich irgendwo studieren und weiterfeiern. Was aus ihr, Paula, werden sollte, wusste sie noch nicht genau. Sie kannte kaum etwas anderes als das, was man von zu Hause aus mit dem Fahrrad erreichen konnte. Und: Die Welt war groß – wo sollte sie anfangen, nach einem neuen Platz zu suchen? Zum Glück hatte sie noch zwei Schuljahre Zeit, dieser Frage nachzugehen.

»Wollen wir eine Runde schwimmen?« Linus unterbrach ihr Sinnieren. Er hatte sich auf einen Ellbogen gestützt und schaute Paula an.

Ja, Paula wollte unbedingt schwimmen.

»Na los, wo bleibst du denn?« Sie rannte los.

Als sie ins Wasser eintauchte, erschrak sie kurz. Ob er Frederik von ihrem wackelnden Hinterteil erzählen würde? Von dem bisschen Zuviel? Sie schwamm los. Schnell. Davon.

Linus holte sie ein »Wow, du machst das öfter, oder?«

»Was? Vor Jungs davonlaufen oder schwimmen?«

Linus lachte. »Wahrscheinlich beides.«

Dann kraulte er ihr davon. Richtung Sprungturm. Keine gute Idee.

Sie holte auf: »Hey, Linus, warte mal!«

Linus hob den Kopf aus dem Wasser. »Was? Kannst du etwa nicht mehr? Ich dachte, wir schwimmen bis zu dem Turm da!«

»Ne, lass mal. Das Ding ist Schrott. Schon lange. Da soll eigentlich niemand mehr hin.«

Einen Moment betrachtete Linus das alte Gerüst.

»Lass uns einfach zur anderen Seeseite rüber.« Paula schwamm los. Linus folgte ihr.

Schwer atmend ließen sie sich auf die Wiese fallen, die direkt an den FKK-Bereich grenzte. Wassertropfen perlten an ihnen herunter, ihre Brustkörbe hoben und senkten sich in einem schnellen Rhythmus. Alles pulsierte. Alles lebte.

»Dich hab ich hier noch nie gesehen, oder?«

»Ich bin das erste Mal hier, ich gestehe.«

Sie drehte sich zu Frederiks Kumpel um. Frederik, der jetzt mit Annika auf der anderen Seite zusammensaß und Bier trank. Vielleicht schwatzten sie, lachten über Frederiks Witze, schubsten sich. Paula schüttelte ihre nassen Haare. Sie hatte Annika nie als Konkurrentin gesehen. Und trotzdem: So hatte sie sich den Ferienanfang nicht vorgestellt. Etwas lief anders, sie wusste nur noch nicht, was. Eigentlich wollte sie von Frederik loskommen, und noch viel mehr wollte sie eigentlich endlich von ihm geküsst werden. Die Chancen standen nicht schlecht. Auch Annika hatte ihr das bestätigt. »Aber wenn er gar nicht mich, sondern Annika …?« Paula schob den Gedanken weg. Annika war ihre Freundin.

»Wie kommt es, dass du noch nie hier warst?« Sie wandte ihre Aufmerksamkeit wieder dem Jungen neben sich zu.

»Hm, der See ist nicht gerade ums Eck.« Das klang nach einer Ausrede.

»Okay, blöde Ausrede«, bestätigte Linus, als hätte er ihre Gedanken gelesen.

»Also deiner Hautfarbe nach zu urteilen, bist du eher so der Drinnen-Typ, oder?« Paula wollte ihn provozieren. Vielleicht war er ein Streber, so einer, der lieber Zeit mit seinem Mathebuch verbrachte.

Linus schaute an sich hinunter. »Du hast mich durchschaut! Rate weiter. Ich bin gespannt, was du noch über mich herausfindest.« Entspannt ließ er sich auf den Rücken fallen, die Hände hinter dem Kopf verschränkt.

»Okay. Also du bist gerne drinnen ... Und lernst? Für dein Einser-Abi?«

»Du denkst, ich bin ein Streber, der sich hinter den Schulbüchern versteckt?«

»Niemals!« Paula fühlte sich erneut ertappt. Sie kreuzte, wie Linus vorhin, schwörend die Finger und hoffte, dass sie nicht rot wurde. »Neuer Versuch: Du bist ein heimlicher Rockstar, der gerade am nächsten Platin-Album arbeitet.«

»Gut geraten. Willst du ein Autogramm?«

»Ja, bitte. Mit persönlicher Widmung.«

»Geht klar.«

Linus drehte sich auf den Bauch. Wassertropfen rollten aus seinem Haar zwischen seinen Schulterblättern hinunter und landeten in der Kuhle am unteren Rücken. Unter seiner blassen Haut spielten die Muskeln im Takt der Bewegungen. Paula schaute weg. Sie versuchte, Annika und Frederik auf der anderen Seite auszumachen.

»Sag mal, woher kennst du eigentlich Frederik?«

»Ach, Fred und ich, wir kennen uns schon Ewigkeiten! Wir waren Sandkasten-Buddys.«

»Echt?«

»Ja, wir haben uns beim Burgenbauen kennengelernt. Da waren wir irgendwie drei oder so.«

Die Vorstellung der beiden Jungs, mit Eimerchen und Schäufelchen im Sand spielend, gefiel Paula. Auch wenn die beiden nicht unterschiedlicher hätten sein können.

Sie warf einen weiteren Blick auf Linus' Rücken und fragte: »Aber ihr seid sonst nicht oft zusammen unterwegs, oder? Sonst wären wir uns doch schon mal über den Weg gelaufen?«

»Fred und ich? Erst seit Kurzem wieder. Meine Eltern sind vor Ewigkeiten mit mir von hier weggezogen und na ja, jetzt sind wir wieder hier.«

»Tja, von diesem Ort kommt man eben nicht los.«

»Scheint so.«

Sie sah, wie Linus nach einem kleinen Kiesel suchte und ihn in den See schleuderte. Pling. Pling. War das Wut oder Frust, oder langweilte ihn das Gespräch? Themenwechsel, entschied Paula.

»Jetzt sag mal ehrlich: Machst du wirklich Musik? Spielst du in einer Band oder so?«

»Ich spiele Bass.«

Beruhigt stellte Paula fest, dass das hier ein gutes Gesprächsthema zu sein schien. Ein wirklich gutes, denn seine Gesichtszüge wurden weicher.

»Hin und wieder schreibe ich an einem Song. In meinem Zimmer. Oder in dem Keller, wo unser Proberaum ist. Kein Sonnenlicht. Du weißt schon, Orte für Drinnen-Typen.«

Linus setzte sich auf und betrachtete Paula von der Seite. »Komm doch mal vorbei. Wir proben zweimal die Woche. Hinten beim Industriegelände.«

»Muss ich dann mit euren Fans Schlange stehen, oder bekomme ich einen exklusiven Backstage-Pass?«

»Ah, da gibt es nur uns vier Musiker, unsere Instrumente, einen Hausmeister und ein paar Mäuse vielleicht. Die kleinen Nagetiere, du weißt schon. Wäre das exklusiv genug?«

»Ich denk drüber nach.«

Linus musste lachen. »Und du? Was ist das für eine Geschichte mit dir und dem See?«

»Was meinst du?«

»Na ja, es ist ja offensichtlich, dass du öfter hier bist, wahrscheinlich öfter als wir alle zusammen, oder?«

Er sah sie an. Lächelte vorsichtig, prüfend, wie weit er mit seinen Fragen bei ihr vordringen durfte. Paula hielt seinem Blick stand. Er schaute immer noch. Paulas Herzschlag beschleunigte sich wieder. Sie suchte das Gras nach Halmen ab, an denen sie rupfen konnte.

»Stimmt schon. Irgendwie ist mir das noch nie so bewusst gewesen. Der See ist einfach immer da. Und ich auch. Ich hab das Gefühl, er kennt mich besser als meine Eltern.«

Linus schwieg. Er schien in seinem eigenen Gedankengewebe zu hängen.

»Hast du auch so einen Ort?«, fragte sie zurück.

»Vielleicht geht es mir beim Musikmachen so.« Er schwang sich in die Hocke und fuhr sich durch seine nassen Haare. »Wenn ich Musik machen kann, dann bin ich angekommen. Dafür braucht es keinen festen Platz auf der Landkarte. Wir sind einfach zu oft umgezogen. Lange Geschichte«, fuhr er fort. »Aber es muss schön sein, einen Ort so in- und auswendig zu kennen.«

Paula schwieg für einen Moment. Dachte an Linus und seine Band. »Ich hab auch mal ein Instrument gespielt. Klavier.«

»Was ist passiert?«

Sie schaute auf ihre Hände, die weiter Grashalme ausfindig machten und daran zupften. Wieso erzählte sie ihm das?

»Nichts. Ich hab aufgehört.« Sie drehte kleine Grashalmknötchen mit ihrer Hand. Dann zog sie mit einem Arm einen weiten Bogen über die Szenerie vor ihnen. »Ich hab doch das hier.«

»Na, dann … Rückrunde!« Linus sprang auf und stellte sich zwischen sie und den See. »Wollen wir zurück zu den anderen?«

Paula war dankbar für den Schnitt. Linus hatte an etwas gerüttelt, an dem nichts zu rütteln war. Sie konnte sich schlicht kein teures Hobby leisten. Trotzdem, es war schön, mit jemandem über ihren See zu sprechen, über diese tiefe Bindung, die sie zu ihm verspürte.

Am gegenüberliegenden Ufer drehte der Ferienanfang weiter auf. Inmitten des Gewimmels aus Badehosen, Luftmatratzen, Einhörnern und Schwimmflügeln, blitzte Annikas rosaroter Bikini hervor. Daneben saß jemand, Frederik. Das Herzklopfen, das sie seit der sechsten Klasse begleitete, dieses unstete Klopfen, das gerne in die Kehle wanderte und in den Ohren dröhnte, war ein bisschen zur Seite gerutscht. Hatte Platz gemacht. Für was? Für ein Gefühl, das sich am besten mit Unwillen beschreiben ließ. Wo kam das her?

»Hey, Erde an Paula?« Linus wedelte mit einer Hand vor ihrem Gesicht herum.

Paula holte ihren Blick zurück vom anderen Ufer und sah Linus an, seine wasserblauen Augen, seine Sommersprossen, seine nassen Strubbelhaare.

»Sorry. Ich war mit meinen Gedanken grad …«

»Schon klar.« Linus schob sich ein paar Strähnen aus der Stirn. »Der Fred. Immer raubt er den Frauen den Verstand.«

Ohne nachzudenken, ohne an wackelnde Hintern, verrutschte Frisuren und an die richtigen Worte zu denken, stand Paula auf, griff nach Linus' Hand und zog ihn Richtung Wasser. »Okay, wer verliert, gibt ein Eis aus!«

Sie rannten los, das Wasser spritzte, ihre Körper klatschten in das Nass, und sie kraulten um die Wette. Sie kamen gleichzeitig an. Zehenspitzen berührten den Sand. Es fühlte sich an, als käme Paula nach einem Ausflug ins All wieder auf die Erde zurück. Um sie herum tobten kleine Kinder, schrien Eltern, und dazwischen saßen Annika und Frederik, ihre Arme berührten sich, sie lachten über etwas, hoben ihre Köpfe und winkten gleichzeitig. Annikas Lachen saß schief. Sie hatte ein schlechtes Gewissen, Paula wusste es sofort.

»Linus?«, fragte Paula.

Bevor Linus aus dem Wasser steigen konnte, hielt Paula ihn kurz an der Schulter zurück. Linus schaute auf die Stelle, die Paula gerade noch berührt und schnell wieder losgelassen hatte, dann hob er den Blick.

»Ich würde gern mal mitkommen.«

Stirnrunzeln.

»Zu den Kellermäusen?«

»Na klar!« Ein Strahlen. Seine Sommersprossen hüpfen ihm auf der Nase herum. Ihr Herz meldete sich zurück. Ein federweiches Hüpfen im Brustkorb.

»Gib mir doch deine Telefonnummer, dann …«

»Hey, ihr Wasserratten!« Annikas Stimme drängte sich von Weitem zwischen sie. »Wir warten schon Ewigkeiten. Euer Bier wird schal.«

Sie erhob sich und kam auf Paula zu. Sie sah gut aus. Perfekt.

»Geb ich dir nachher«, sagte Paula schnell, bevor Annika sie hören konnte.

»Cool. Ich …«, hob Linus an.

Doch da stand Annika bereits vor ihnen.

»Na, da scheinst du ja endlich jemanden getroffen zu haben, der genauso wasserverrückt ist wie du.«

Annika schlang ihre Arme um Paulas Schultern und schob sie zu den Liegedecken. Sie setzte sich an den Rand und wollte Paula den Platz neben Frederik überlassen.

Paula zögerte.

Linus stand hinter ihr. Sie konnte seine Nähe spüren. Seinen Atem hören. Ihr Nacken kribbelte. Er hatte nach ihrer Nummer gefragt.

Für einen winzigen Augenblick stand alles still. Nur das Pochen hinter den Rippen blieb, federweich und leicht, und gab der Stille ein Geräusch.

»Keine Lust auf Bier. Ich hol mir ein Eis. Wie sieht's mit dir aus, Linus?« Sie wandte ihren Kopf in seine Richtung.

»Aber sicher. Wette ist Wette.«

Annika klappte der Kiefer nach unten. »What the fuck?«, formte sie stumm mit ihrem Mund.

»Wir sind gleich wieder da.«

Zum zweiten Mal griff Paula Linus' Hand, die rau war und noch ein bisschen nass vom Baden. Er drückte ihre Finger zusammen, ganz leicht, dann ließ Paula wieder los, doch ihre Handfläche britzelte von der Berührung.

Paula hatte plötzlich eine Ahnung, was anders laufen könnte. Der Sommer hatte eine Überraschung für sie ausgepackt und zu ihrem Lieblingsbadeplatz geführt. Auf einmal verloren die Ferien ihren Schrecken, die lange, schulfreie Zeit lag nicht wie Ödland vor ihr, sondern als etwas Neues, das darauf wartete, von ihr entdeckt zu werden.

Paula dachte nicht mehr an das Ultimatum. Sie war weit davon entfernt. Sie dachte in diesem Moment an gar nichts, und das tat gut. Sie genoss es, neben diesem Jungen herzugehen, der sie mit seinen hellen Augen so neugierig und abwartend betrachtet hatte, ohne sie nervös zu machen. Der Sommersprossen zum Tanzen bringen konnte. Der sie zu einer Bandprobe eingeladen hatte. Vielleicht würde der Sommer anders werden als all die anderen davor. Einmal ganz anders.

»Ich mag Wassereis am liebsten – und du?«
»Ich mag dich«, sagte Linus da. Einfach so. Ganz leicht.

4

Greta

Bei den Weiden, nach Mitternacht

Püppi war die Letzte, die ging.

Jetzt war das Haus menschenleer gefegt, ausgeräumt, verlassen. Dabei stand noch alles an seinem Platz: die Möbel, die Bilder auf der Kommode, die selbst bemalten Tassen im Schrank, das Hundekörbchen vor dem großen Wohnzimmerfenster. Der Teppich auf den Treppenstufen zu den Kinderzimmern war abgewetzt vom vielen Rauf und Runter. Viel Trubel hatte es unter diesem Dach gegeben. Fernsehflimmern, überkochendes Nudelwasser, Fluchen, Türenknallen, Hundebellen, Schultaschen, die mit einem lauten Wumms im Eingangsflur landeten. Alltag eben. Doch auch der hatte sich aus dem Staub gemacht.

Der Staub, ja, der war ihr geblieben.

Greta fühlte sich genauso wie dieses Haus: nicht mehr gebraucht. Nicht einmal mehr von Püppi. Denn dort, wo sie jetzt war, würde sie Greta auch nicht mehr brauchen.

Zum Glück war es schnell gegangen. Der Tierarzt hatte Greta gefragt, ob sie Püppi dalassen wolle, sie würde dann »entsorgt« werden. Als Greta das gehört hatte, hätte sie dem Mann im weißen Kittel am liebsten eine seiner Narkosespritzen in den Hals gerammt oder ihn angeschrien und ihm etwas von Ethos und von der Würde eines Tieres erzählt. Gerade er, als Tierarzt, sollte doch mit etwas Respekt von seinen Patienten sprechen.

Wir Menschen wollten doch auch nicht »entsorgt« werden, sondern beerdigt. Auf jeden Fall sollte jede davongegangene Seele einen Platz bekommen, so hatte Greta gedacht. Gesagt hatte sie nichts. Aus verheulten Augen hatte sie den Doktor angesehen. »Ich würde Püppi gerne mitnehmen«, war alles, was sie herausgebracht hatte.

Jetzt lag der kleine Spaniel in seinem Körbchen, eingewickelt in seine Lieblingsdecke. Greta saß davor, in ihrem Sessel, und betrachtete den Hund.

Plötzlich bildete sie sich ein, Püppi würde noch atmen, dass sich ihr Brustkorb noch heben und senken würde. Sie erschrak und sah genauer hin: Zuckte ein Augenlid, bewegten sich die Härchen auf den Lefzen noch? Mein Gott, lebte sie etwa noch?

Sie traute sich nicht, ihren Hund, der sie dreizehn Jahre lang begleitet hatte, zu berühren. Schon beim Reintragen war ihr aufgefallen, dass er langsam steifer wurde und eine Art Kälte in den Hundeleib einzog. Es graute ihr, und doch musste sie noch eine Weile vor ihrer kleinen Püppi sitzen, das glänzende Fell betrachten, die welligen Ohren, die Nase, die immer überall reingesteckt worden war. Alles hatte sie beschnüffeln müssen. Greta musste lachen. Dabei tropften dicke Tränen auf die Hundedecke. Dreizehn Jahre. Püppi war die letzte Mitbewohnerin in diesem Haus.

Heute würde auch sie endgültig gehen.

Greta stellte sich einen Wecker.

Um ein Uhr holte er sie aus ihrer ersten Tiefschlafphase. Verwirrt tastete sie nach dem Gerät und schaltete es ab. Warum klingelte der Wecker? Was wollte sie mitten in der Nacht? Da wich die Verschlafenheit dem erwachenden Bewusstsein: »Püppi ist tot.«

Und schon formte sich der nächste Tränenkloß in ihrer Kehle. »Schlaf ist gnädig«, dachte sie, als sie sich langsam im Bett aufsetzte. »Eine gnädige Betäubung von Schmerz und Erinnerung.« Sie sehnte sich nach der Rückkehr in einen tiefen Schlaf ohne Traum und ohne Gefühl.

Aber Plan war Plan. Püppi hatte es so verdient und nicht anders. Dieser Gedanke gab ihr genug Energie, um aufzustehen, sich anzuziehen und alles einzupacken, was sie am Abend zuvor neben die Haustür gelegt hatte. Mit einem Rucksack und der immer noch in ihre Decke gehüllten Püppi verließ sie das Haus.

Püppi war ein Englischer Cockerspaniel, ein besonders klein geratener, cognacfarbener, und ein reines Energiebündel gewesen. Sie hatte den Platz des dritten Kindes in der Familie eingenommen, gleich nach Gretas beiden Töchtern.

Werner hatte Püppi eines Tages mitgebracht. Ein »Rettungsfall« einer Kollegin mit überraschend ausgeprägter Tierhaarallergie. Greta hatte den Hund sofort ins Herz geschlossen und Werner – das erfuhr Greta erst später – seine Kollegin samt Allergie. Aber all das spielte keine Rolle mehr. Püppi war unbestritten Gretas Hund, und für den Hund war das Frauchen stets der Fixpunkt gewesen. In Gretas Abwesenheit hatte Püppi unter einem Trennungsschmerz gelitten, den weder ihr Mann noch ihre Kinder hatten heilen können. Auch wenn es nur die fünf Minuten gewesen waren, die Greta gebraucht hatte, um im Keller etwas zu holen. Püppi winselte dann die Kellertür an, die ihr Frauchen verschluckt hatte, und ließ sich auch auf keine Ablenkungsmanöver ein. Püppis ungebrochene Loyalität konnte manchmal anstrengend sein, aber die überschwängliche Freude, mit der Püppi bei jedem Wiedersehen an Greta hochgetanzt war, jedes Mal, unermüdlich, hatten nur noch Wärme und Liebe für dieses Tier übrig gelassen.

Als Werner sie verlassen hatte und zwei Jahre später Annika, ihre ältere Tochter, zum Studieren wegging und schließlich Karla, ihre Jüngste, mit ihrem Freund zusammenzog, waren sowieso nur sie beide zurückgeblieben. Püppi war noch anhänglicher geworden, aber wenn sie ehrlich war, war das auch umgekehrt so gewesen. Püppi hatte die Leere im Haus ohne Probleme gefüllt. Sie hatte sich den frei gewordenen Platz im Ehebett erobert, vom Tisch bekommen, was die Kinder bekamen, und am Ende des Tages hatten sie oft zu zweit auf dem Sofa vor dem Fernseher gesessen, jede in ihre Decke gemummelt, Pfote an Fuß, Schnauze auf Schoß.

Mit diesen Erinnerungen versuchte sich Greta nun abzulenken. Leicht war es nicht, und niemals hätte Greta gedacht, dass ein so kleiner Vierbeiner so viel wiegen konnte. Schon nach wenigen Metern zweifelte sie an ihrem Vorhaben. Püppi lag wie ein kalter und verdammt schwerer Stein auf ihren Unterarmen. Sie versuchte, die Arme in einen anderen Winkel vom Körper zu halten, um die Muskeln zu entlasten.

Der Weg zum See würde lang werden, zumindest für ihre Arme. Sie hätte Püppi niemals in einen Rucksack gepackt. Ob das bei der Steifheit überhaupt geklappt hätte? Sie schob den Gedanken beiseite und ging schneller. Dann war sie endlich da, am See.

Die Nordseite des Sees lag etwas versteckt in einer Biegung. Von oben betrachtet lag der See eiförmig ins Gelände gemalt, und oben an der nördlichen Spitze gab es eine kleine Einbuchtung, als hätte jemand versucht, ein Stück herauszuschneiden. Dort wucherte im Sommer Schilf, und die Weiden ließen ihre Äste tief ins Wasser hängen. Vor vielen Jahren war dies der Platz der Nacktbader gewesen, weil er so schön versteckt lag. Über die Jahre waren die überzeugten FKKler mutiger geworden und legten sich lieber an die Südseite, wo es sonniger war. Sogar die Gemeinde akzeptierte die Bedürfnisse der textilbefreiten Schwimmer und stellte ein Schild auf, das besagte, ab wo Nacktbaden quasi Vorschrift war.

Die frei gewordene Uferstelle am nördlichen Ende dagegen wurde sehr schnell von Hundebesitzern eingenommen, genauer gesagt von den Hunden. Von Mai bis September waren Hunde eigentlich auf dem ganzen Seegelände verboten, den Rest des Jahres über herrschte Leinenpflicht. Greta hatte sich oft mit anderen Hundebesitzern darüber ausgelassen, wie schade es sei, dass ihre Tiere im Sommer nicht auch in den Genuss eines Bades kommen durften. Die Wasservögel trügen viel eher zur Verschmutzung des Gewässers bei, da war man sich einig, von den Kleinkindern mit und ohne Windel ganz zu schweigen. Und so ergab es sich bald, dass der versteckte Seezugang der einzige – wenn auch inoffizielle und lediglich stillschweigend akzeptierte – Badeplatz für wasserliebende Vierbeiner wurde. Es hatte nie Beschwerden gegeben, wenn sie hier von der Leine gelassen wurden.

Püppi hatte das Wasser geliebt. Hätte man sie entsprechend erzogen, hätte es in Gretas Familie sicher ab und an Ente zu essen gegeben. Püppi aber war so verhätschelt, dass es gerade mal zum Blätterjagen oder Stöckchenholen reichte. Mit viel Getöse war sie ungebremst ins Wasser gerannt, zum Ziel gestrampelt und schnaufend zurück zum Ufer, um Greta triefend und stolz das apportierte Stück Holz vor die Füße zu legen: »Noch mal!«, hatte das geheißen.

Greta und Püppi hatten viel, sehr viel Zeit unter den hängenden Weiden verbracht, im Schilf, Stöckchen rein, Hund hinterher, Stöckchen raus und von vorn. Für Greta waren diese Momente besser als jede Meditation gewesen. Ihre Gedanken liefen frei. Sie hatte die frische Luft genossen, die kurzen Gespräche mit anderen Hundespaziergängern oder mit Marty, dem Schriftsteller, wenn er vorbeigeschlendert war und mal wieder die Inspiration gesucht hatte. »Hunde sind Seelen von geliebten Menschen, die zu uns zurückgekehrt sind. Mit treuen Augen und hechelnder Zunge«, hatte der Spinner versucht, ihr glaubhaft zu machen.

In diesen Momenten war jedenfalls kein Platz gewesen für ihre Eheprobleme, für die Angst, die sie hatte, als Annika sich an einer Uni auf einem anderen Kontinent beworben hatte, für ihre Traurigkeit, als die ersten Umzugskartons auch von Karla gepackt worden waren.

Püppi war wie ein heller Stern in dunklen Nächten für sie gewesen. Sie hatte die Power von fünf Bernhardinerrüden gehabt und sich über die ganz einfachen Dinge in ihrem Hundeleben gefreut: Stöckchen jagen, schnüffeln, Wellen anbellen.

Wenn das Wasser um Püppi gespritzt hatte, war es Greta immer leicht ums Herz geworden. Das Wasser und ganz besonders dieser See, das war ihre Welt gewesen.

Und genau deshalb würde Püppi hier ihre letzte Ruhe finden. Greta würde Püppi unter der großen Weide hinter dem Schilf beerdigen, damit ihre kleine Hundeseele frei und jederzeit übers Wasser schweben konnte. So stellte Greta sich das vor, das Hundeleben nach dem Tod.

Ihre Muskeln krampften, als sie den Hund ins Gras legte. Es musste jetzt fast zwei Uhr sein. Leider war der Himmel bewölkt. In ihrer Vorstellung war es eine glasklare Nacht gewesen mit einem hellen Mond, der direkt auf den See scheinen würde. Aber sie war vorbereitet und packte die große Taschenlampe aus und legte sie ins Gras. So beleuchtet begann sie, mit einem Klappspaten die Erde in der Nähe des Baums auszuheben. Anfangs ging es leicht, dann wurde es schwerer. Die Erde war steinig und sehr fest. Greta stemmte ihr Gewicht auf den Spatenstil und drückte die Schaufel tiefer in den Boden, um langsam Klumpen für Klumpen zur Seite zu schaufeln, bis ein Loch entstand. Ihre Arme würden ihr diese nächtliche Aktion morgen sehr übel nehmen. Sie wusste aber auch, dass sie sich danach erholen können würde und dass es keinen anderen Weg gab. Püppi gehörte hierher.

Sie hob weiter aus, grub tiefer. Es graute ihr davor, dass jemand den kleinen Erdhügel entdecken könnte oder gar ein Hund daran schnuppern und buddeln und Püppi wieder freilegen würde. Daher nahm sie all ihre Kräfte zusammen, bis sie überzeugt war, tief genug gegraben zu haben. Sie starrte in das Erdloch.

Bis jetzt war sie beschäftigt gewesen. Ihr Kopf war gefüllt von pragmatischen Überlegungen, die sie sogar an Ersatzbatterien für die Taschenlampe hatten denken lassen. Gefühle waren überflüssig. Bis jetzt. Denn jetzt kam der schwerste Teil, und das versetzte ihr einen plötzlichen Stich in die Brust. Die Endgültigkeit ihrer Tat, ja des Lebens an sich, lag vor ihr in diesem Loch, so deutlich, dass sie hätte schreien können.

»Endgültigkeit lässt sich nicht rückgängig machen. Nur vorwärts denken hilft«, flüsterte eine Stimme in ihrem Kopf. Sie hob den steifen Tierkörper auf, der nicht mehr Püppi war, und legte ihn in das Loch. Püppis Lieblingsspielzeug, ein alter, zerbissener Quietschball, und ein Stöckchen vom Seeufer legte sie dazu.

»Was bin ich denn jetzt ohne dich?«, fragte sie und blickte in das Grab.

Vorsichtig ließ sie die ersten Erdbrocken zurück in das Loch plumpsen. Es machte sie wahnsinnig.

In diesem Moment wünschte sie sich zum ersten Mal seit Langem wieder, dass Werner an ihrer Seite stünde. Er hätte das hier jetzt übernommen. Das Grab wieder zuschütten, Püppi unter der Erde verschwinden lassen, Greta den Arm um die Schultern legen und so etwas sagen wie: »Es geht ihr bestimmt gut, dort, wo sie jetzt ist.«

Aufgerüttelt von einem neuen Schwall Tränen aus Wut, Angst und Verlust beförderte sie all die Erde, die sie ausgehoben hatte, Schaufel um Schaufel wieder in das Loch zurück. Es bildete sich ein kleiner Hügel. Sie klopfte ihn platt. Sie verdrängte jede Vorstellung an die darunterliegende Püppi und bearbeitete die Erde so lange, bis ihrer Meinung nach alles unschuldig normal aussah.

Schweiß lief ihr den Rücken hinunter, Tränen über die Wangen, Schnodder über die Lippen. Es war ihr egal, und sie war sich zudem ziemlich sicher, dass sie jetzt niemandem begegnen würde. Nicht einmal Marty. Sie ließ sich neben dem Grab nieder. Erst in die Hocke, dann ließ sie sich ganz ins Gras fallen. Der Hosenboden wurde feucht, und in ihren Händen pochte das Blut von der ungewohnt harten Arbeit.

Der See lag still und glatt vor ihr. Fahles Mondlicht zeigte sich nun doch und zeichnete Schattenrisse vom anderen Ufer: Baumkronen, der Steg, die Bank, ein Ast, der aus dem Wasser ragte. In wenigen Stunden würden die ersten Spaziergänger, meist Hundebesitzer, hier ihre Runden drehen.

Greta nicht mehr. Sie würde nicht mehr hierherkommen. Hier endete etwas. Eine Zeit, die ab heute eine vergangene war.

Sie atmete tief ein und lange aus.

»Loslassen ist grauenhaft«, dachte Greta. Sie fühlte, wie sich ein Freiraum vor ihr ausbreitete, sah sich an dessen Kante stehen, sah sich hineinfallen, tiefer und tiefer in diesen Raum aus Nichts.

Es gab nun niemanden mehr, für den sie etwas tun musste.

Und es ging um das Wort *müssen*. Mit Püppi war auch die letzte Fremdverantwortung gegangen, die ein Muss oder eine Pflicht mit sich schleppte und die keine Rücksicht auf ihre Bedürfnisse genommen hatte. Was blieb in diesem leer gewordenen Raum?

»Ich bin frei«, schoss es ihr durch den Kopf.

Ihr Herz stolperte kurz bei diesem neuen Begriff. Es war eine seltsame Vorstellung, dieser leere und gleichzeitig freie Raum. Angst schlich sich mit ein. Und Aufregung. Es galt, ihn neu auszufüllen, diesen Raum, mit ganz viel Wollen.

Das war es.

Greta erhob sich langsam und streckte ihre müden Beine. Sie blickte auf den kleinen, frischen Erdhügel.

Mit einer Mischung aus Angst und Vorfreude, Schwere und Leichtigkeit, Traurigkeit und Hoffnung verneigte sich Greta vor Püppis Grab, vor Püppi selbst und vor all dem, was der kleine Spaniel ihr gegeben hatte. Und abgenommen.

Wie ein bauchiges Segel wölbte sich ein Gefühl von Freiheit in ihrem Brustkorb.

»Danke, Püppi«, flüsterte sie.

Benommen und erschöpft legte sich Greta noch einmal ins Bett. Die letzten Stunden kamen ihr unwirklich vor, und wieder sehnte sie sich nach einem traumlosen Schlaf, der ihr ein wenig Erholung schenken würde. Sie schlief schlecht. Sie wälzte sich hin und her, Erinnerungen mischten sich mit Traumbildern, sie sah, wie sie Erde in einen Umzugskarton schaufelte und Püppi vor dem Ertrinken retten wollte mit einem viel zu dünnen Weidenzweig, sie träumte und erwachte und gab schließlich auf. Im Morgengrauen setzte sie sich wieder in ihren Sessel und blickte auf das leere Körbchen zu ihren Füßen.

Als es acht Uhr war, stand ihr Plan.

Der erste Punkt bestand aus einem Anruf.

Es klingelte zweimal, dann ging Werner ran. Greta wusste, dass sie ihn um diese Zeit ungestört erreichen würde.

»Greta, was ist los, ist was passiert?«, fragte Werner.

»Guten Morgen, Werner, Püppi ist gestern gestorben. Aber …«

»Nein, oh Gott, das tut mir leid, wie …?«

»Lass gut sein, Werner, dein Mitleid brauch ich nicht, und tu nicht so, als ob Püppi dir …«

Sie unterbrach sich selbst. Nicht wieder streiten. Sie wollte etwas klären, nicht streiten.

Sie verschluckte den Rest des angefangenen Vorwurfs und fuhr fort: »Hör zu, Werner. Ich will das Haus nicht behalten.«

»Was? Wie, du willst das Haus … jetzt doch nicht?«

»Ich habe mir das sehr gut überlegt. Glaub mir, ich will es nicht mehr.«

Werner schwieg. Sie wusste, dass sie ihn überrumpelt hatte, aber darauf konnte sie keine Rücksicht nehmen.

»Ich brauche die Hälfte des Geldes, das es noch wert ist. Ob ihr dann hier einziehen wollt oder wir halbe-halbe machen, ist mir egal.«

Ihr. Nicht *wir*. Greta war stolz auf sich. Sie hatte es geschafft, Werners neue Frau so zu erwähnen, dass es halbwegs friedlich klang.

»Greta, warte mal … Also, das geht jetzt alles etwas schnell.«

»Mir nicht, Werner. Mir kann es nicht schnell genug gehen. Wenn du einverstanden bist, rufe ich dich in zwei Tagen noch einmal an, und wir machen einen Termin beim Notar.«

»Ich spreche heute Abend mit Annette darüber.«

Greta biss sich auf die Lippen. Jetzt bloß nichts sagen. Sobald der Name Annette erwähnt wurde, war bisher jedes Gespräch auf eine Auseinandersetzung hinausgelaufen. Heute konnte und wollte Greta nicht wieder mit Werner aneinandergeraten, darüber, wie das alles gelaufen war, das Ende ihrer Ehe.

»Klar. Macht das.«

»Greta?«

»Mach's gut, Werner.« Schweigen. »Und danke. Ich möchte wirklich ausziehen, ich meine es ernst.«

Sie legte auf.

Unter der Dusche ließ sie sich Zeit. Das warme Wasser tat gut, ihre Muskeln entspannten sich etwas, und sie fühlte sich frischer. Ein Kaffee und ein Honigbrot halfen ebenfalls. Dann setzte sie sich ins Auto und fuhr in die Stadt.

Karla wohnte mit ihrem Freund in einem Viertel, das vom Krieg verschont geblieben war. Ganze Häuserzeilen mit Jugendstilfassaden und alten Bäumen davor waren erhalten geblieben. Zugige Zimmer ohne Doppelverglasung und moderne Heizung allerdings auch. Greta war skeptisch gewesen, als Karla und ihr Freund sich für die Wohnung hier entschieden hatten. Da könne man so viel draus machen, hier stecke noch so viel Charme drin, hatte Karla damals geschwärmt.

Sie klingelte und stieg die alte Holztreppe nach oben in den vierten Stock. Karla stand in der Tür, noch ein wenig verschlafen, aber angezogen und zurechtgemacht.

»Ich hab Brötchen mitgebracht«, sagte Greta und blieb vor ihr stehen.

»Ist was passiert, Mama?« Karla runzelte die Stirn.

Greta ließ die Tüte mit den Brötchen sinken. »Nein, also ja, doch. Püppi ist gestern gestorben.«

»Oh nein!« Karlas Gesicht verwandelte sich. Distanz und Skepsis wichen Betroffenheit und Schrecken.

Greta erzählte ihr kurz, wie es passiert war, und dass der Hund nicht gelitten hatte. Als sie fertig war, fühlte sie sich wieder leer und fehl am Platz.

Karla kam einen Schritt auf sie zu, umarmte sie kurz und wich wieder zurück. Die Barriere, die vor einiger Zeit zwischen ihnen errichtet worden war, sie stand noch. Aber Greta war froh, dass sie für einen kurzen Moment von beiden Seiten ignoriert werden konnte. Karla hatte immer sehr an Püppi gehangen, sie war der einzige Grund gewesen, warum sie ein paar Tränen vergossen hatte, als sie ausgezogen war.

Greta wollte kein Mitleid erregen und Mitleid schon gar nicht als Grund für eine Annäherung zwischen ihnen benutzen.

»Karla, Liebes, ich hab dir ihr Halsband mitgebracht. Du weißt schon, das rote, das du ihr zu Weihnachten gekauft hast. Ich wusste nicht, ob du es vielleicht behalten willst, als Erinnerung …?«

»Danke, Mama. Ja, das würde ich gern.«

»Und hier ist die Wokpfanne.« Sie überreichte ihrer Tochter einen Karton. »Ihr kocht doch beide gern, und ich brauche sie eigentlich überhaupt nicht.«

Karla lächelte ihre Mutter an. Ein Anfang.

»Ich muss dann auch los, hab noch einen Termin.«

Bevor es ihnen beiden zu kompliziert wurde, zu gewollt, zu gekünstelt, hob Greta die Brötchentüte und reichte sie Karla.

»Hier, frühstückt mal schön, ihr beiden. Die sind für euch.«

»Willst du vielleicht bei uns …« Karla zögerte.

»Ein anderes Mal, sehr gern«, sagte Greta schnell.

Dann strich sie leicht mit der Handfläche über die Wange ihrer Tochter. Sie war viel zu stark geschminkt, und das machte ihr Gesicht puppenhaft. Sie wäre auch ohne Make-up eine hübsche, junge Frau. Sie sagte es nicht.

»Okay … Geht's dir gut, Mama? Das Haus, fühlst du dich sehr allein darin ohne unser Energiebündel?«

Ein Stein formte sich in ihrer Brust. Ja, Greta fühlte sich allein. Das Haus war ein großer, leerer Kasten um ihr Leben. Sie verdrängte den Gedanken an die neue Stille, die zu Hause auf sie wartete. Zu Hause.

»Es ist leer ohne Püppi. Ja. Aber das krieg ich hin, mach dir keine Sorgen.«

Karla nahm die Brötchentüte, ihre Schultern sackten herunter, befreit, das konnte Greta sehen. Es brachte sie zum Lächeln.

»Mein Gott, deine Mutter muss wohl noch begreifen, wie erwachsen ihre beiden Mädchen geworden sind.« Das kam, ohne nachzudenken, tief aus ihrem Innersten, sie wollte sich verfluchen für diesen unüberlegten Satz.

Da sagte Karla: »Vielleicht kommst du mal vorbei und lässt dich von uns bekochen. Könnte beim Begreifen helfen.« So war sie, ihre jüngste Tochter. Direkt und frei raus, schonungslos.

»Gern. Aber nur etwas aus der Wokpfanne.«

Karla grinste. »Na klar! Und … wegen Püppi …«

»Ist schon gut. Bis bald, große Karla.«

Greta drehte sich um, ging die Treppenstufen runter und hörte hinter sich die Tür ins Schloss fallen.

Das war der schwierigste Teil des Tages gewesen.

Als sie wieder im Auto saß und an das Lächeln ihrer Tochter dachte, an die kurze Berührung zwischen ihnen, merkte sie, wie sehr sie ihre Töchter vermisste. Wieder kamen Tränen.

»Mensch, Greta, jetzt reiß dich mal zusammen«, sagte sie zu sich selbst.

Sie schaltete Musik an und fuhr los, eine alte Billy-Talent-CD von Karla war noch im Laufwerk.

»Even when she was defensive,

It just gave me more incentive.
The more you squeeze, the more it slips away.
I never walked so far on a lonely street
With no one there for me.
Is it worth the pain, with no one to blame?«

Sie sang mit. Sie brüllte die Worte an die Windschutzscheibe. Die Tränen liefen und nahmen ihr die Sicht.

Als sie schließlich das Auto wieder vor ihrem Haus parkte, tat ihr die Kehle weh, und die Augen brannten. Und trotzdem: Sie fühlte sich gut. Sie wusste: Sie tat die richtigen Dinge.

Nun kam die dritte Sache. Sie war leichter, und das war gut so, denn sie hatte ihre Kräfte weitestgehend aufgebraucht.

Mit einem weiteren Kaffee setzte sie sich an den PC und schrieb Annika eine Mail. Annika würde mit Sicherheit noch schlafen. Dort, wo sie jetzt studierte, war es mitten in der Nacht. Und so, wie sie ihre Tochter kannte, hatte sie wahrscheinlich auch wieder lang gefeiert. Sie tauschten sich über E-Mail und WhatsApp aus. Der Tod von Püppi und die Entscheidung, das Haus zu verkaufen, brauchten Platz. Eine E-Mail war genau richtig.

Ihre Töchter würden beide die Möglichkeit bekommen, sich vom Haus zu verabschieden, Dinge, die ihnen wichtig waren, mitzunehmen. Annika hatte sehr an dem Haus gehangen, und auch Karla würde es sicherlich schwerfallen. Sie würden aber nicht mehr zurückkommen. Beide hatten ihren Weg eingeschlagen, und wie das nun mal so war: Der Weg zum Erwachsenwerden führte aus der Haustür des Elternhauses hinaus. Nicht hinein. Und im besten Fall auch nicht zurück. Sie konnte stolz sein auf die Selbstständigkeit ihrer Töchter. Noch nie war sie sich dessen so bewusst wie in diesem Moment in einem Haus, das einmal das Zuhause von ihnen allen gewesen war und dessen Bewohner bis auf eine längst ausgezogen waren.

Wenn sie das Geld vom Haus auf ihrem Konto hatte, würde sie eine Reise machen. Sie würde Annika besuchen und dann weiterfliegen. Nach Neuseeland. Sie wollte das Auenland besuchen.

Und jetzt? Jetzt würde sie schlafen. Endlich schlafen. Ohne Traum. Ohne Gefühle. Davon hatte sie die letzten Stunden genug gehabt.

Jetzt brauchte sie die alles umhüllende Schwere des Schlafes.

Tamy

Der Wettkampf

Es war kein gewöhnlicher Wettkampf. Es war der erste Wettkampf, an dem sie teilnahm.

Würde man ihre Mutter fragen oder ihren Freund, der nicht mehr ihr Freund war, so würde man stets die gleiche Antwort erhalten, da war sie sich sicher: Tamy hat ihr Leben für diesen Tag eingetauscht.

Tamys Schritte knirschten im festgestapften Schnee, als sie langsam zur Schwimmhalle ging. Dick eingepackt, den Schal bis zur Nasenspitze hochgezogen. Sie fürchtete, dass ihre Muskeln zu kalt werden würden, um gleich im siebenundzwanzig Grad warmen Becken ihre volle Leistung bringen zu können.

Es war ein kalter Februartag. Der Winter hatte noch einmal alles gegeben, vom Frühling noch keine Spur. Bis gestern hatte es in dicken Flocken geschneit. Der Winterdienst war unermüdlich unterwegs, um wenigstens die Hauptstraßen freizuräumen.

Mit hochgezogenen Schultern und kleinen Eisblumen an den Haarspitzen erreichte sie die Halle, wo bereits ihre beiden Teamkolleginnen und Harry, ihr Trainer, auf sie warteten. Die beiden Mädchen grüßten sie und hüpften nervös auf der Stelle, was Tamy nicht leiden konnte. Lampenfieber war ansteckend. Sie ignorierte die beiden so gut sie konnte, so wie sie es fast immer tat. Sie war hier, um zu gewinnen, nicht, um Freundschaften zu schließen.

»Na, Tamy. Fit für heute?«, begrüßte Harry sie.

Tamy nickte in ihren Schal. Sie gab sich noch ein paar Sekunden, bevor sie ihren Schal ablegte und die Handschuhe auszog. Bibbernd rieb sie sich die Hände.

»Dann kommt, Mädels. Ab in die Umkleide. Zeigen wir es ihnen heute.«

Harry klopfte Tamy leicht auf die Schulter. Sie war sein Juwel. Sein Trumpf im Ärmel. In der Regionalliga war Tamy eine Unbekannte und im Schwimmer-Umfeld eine Außenseiterin. Sie hatte sich all die Jahre auf der Außenbahn unter die Besten geschwommen, ohne je mit einem Team trainiert zu haben.

Harry hatte sie eines Tages beim Training entdeckt, ihr Talent und ihre Schnelligkeit. Flink, kraftvoll und einfach unglaublich schnell. Sie war an seinen Schützlingen vorbeigeprescht, und Harry hatte sofort gewusst, dass dort eine Siegerin ihre Bahnen zog. Er hatte sie in sein Trainingsteam geholt, und heute würde Tamy seine Überraschung beim Regionalwettkampf werden.

In der Umkleide war ein besonders unruhiges Stimmengewirr zu hören. Das Klappen der Spindschränke und Flitschen der Badekappen klangen lauter als sonst. Tamy atmete tief. Ein. Luft anhalten. Bis vier zählen. Aus. Und wieder von vorne. Sie konnte sich keine Unruhe leisten.

»Konzentrier dich, Tamy«, flüsterte sie sich selbst zu. »Auf den Sieg. Das ist alles, was zählt.«

Als sie als Erste nach draußen kam und das Becken inspizierte, kam Harry auf sie zu.

»Tamy«, sagte Harry. Es war laut hier drin, das Publikum fand sich ein, Mütter, Väter, Geschwister, Freunde sammelten sich, rutschten zur Seite, begrüßten sich. »Tamy, heute ist dein Tag.«

»Absolut.«

Harry strahlte sie an. Seine Begeisterung für ihr Talent war ungebrochen. Er respektierte ihren mangelnden Teamgeist und hatte sie nie gezwungen, am Vereinsleben teilzunehmen.

»Ich glaub an dich. Hab ich von Anfang an getan, als ich dich das erste Mal bei uns in der Halle habe schwimmen sehen. Nur, dass du's weißt.«

»Danke, Harry.«

Tamy zog an ihrer Badekappe. Sie musste perfekt über die Ohrläppchen reichen, ihren Haaransatz abdecken und durfte bloß nicht ziepen. Das Gummi zog an ihren Haaren, sie rieb die Kappe ungeduldig über ihren Kopf. Sie ärgerte sich über sich selbst, denn ihre innere Ruhe und die stoische Gewissheit, heute als Gewinnerin die Halle zu verlassen, wichen jener nervösen Gespanntheit, die sie an ihren Mitschwimmerinnen immer beobachtet hatte.

Sie ging zu ihrem Startblock und ließ den Blick durch die Halle gleiten.

Viele Male hatte sie von der Publikumstribüne aus andere Schwimmer auf ihrem Block beobachtet. Ihre Technik studiert und ihre Haltung, kurz bevor es losging. Alles war in dem Moment des Starts bereit, die Schwimmbrille saß, die Kappe, die Schultern locker, die Beine in einer leichten Hocke, der Blick geradeaus. Maximale Körperspannung. Fast schien es, als würden die Schwimmer den Atem anhalten. Bis der erlösende Pfiff ertönte und sie endlich ins Wasser tauchen und schwimmen konnten.

Und heute war sie an der Reihe. Sie stieg die beiden Stufen des Startblocks nach oben.

Wie all die Schwimmer, die sie als Zuschauerin bewundert hatte, stand sie nun hier. Sie wartete auf den Pfiff. Unter ihr das glänzende Blau, vor ihr der Sieg, dachte Tamy: »Diesmal schaff ich's, Papa.«

Es hatte alles an dem See begonnen, an dem sie damals wohnten. Nur fünf Minuten entfernt. Tamy liebte den See. Und alles, was dazugehörte: den alten Emre mit seinem Kiosk, den kleinen Tretbootverleih oder den winzigen FKK-Bereich, an den ihre Mutter manchmal noch abends allein hinging, am liebsten im Nieselregen.

Neben dem Sprungturm, den es jetzt mit Sicherheit nicht mehr gab, war der Platz, an dem sie schwimmen gelernt hatte. Sie war damals knapp fünf: Ihr Vater stand hüfttief im Wasser, und Tamy lag auf seinen Unterarmen, die sie stützten, damit sie nicht unterging, und übte den Froschbeinschlag. So lange, bis ihr Vater die Arme langsam wegziehen konnte. So lange, bis sie sich aus eigener Kraft und dank der neu erlernten Technik des Brustschwimmens allein über Wasser halten konnte.

Stolz und völlig außer Atem erzählte sie ihrer Mutter abends beim Essen davon.

Sie streichelte Tamy über den Kopf: »Ich bin so stolz auf unsere kleine Tamy.«

Vater und Tochter übten weiter. Und als Tamy in die Schule kam, erledigte sie ihre Hausaufgaben nach dem Essen nur deshalb ohne Widerworte, weil sie danach ins Wasser durfte. Ihre Eltern schlugen ihr vor, nach dem Seepferdchen weitere Schwimmabzeichen zu machen. In einen Verein einzutreten. Doch daran hatte Tamy eigentlich kein Interesse. Ihr reichte es, wenn ihr Vater am Rand stand und sie anfeuerte.

Eines Tages kam er auf die Idee, sie für einen Wettkampf anzumelden.

»Probier's mal, Tamy. Du wirst sehen, mit anderen Kindern zusammen im Wasser um die Wette zu schwimmen, macht bestimmt Spaß.« Er schaute sie erwartungsvoll an, und Tamy nickte.

Die Vereine in der Gegend würden gegeneinander antreten, und Tamy durfte für den Ortsverein schwimmen. Im September nach den großen Ferien. Tamy und ihr Vater verbrachten den Sommer überwiegend im See, um zu trainieren.

Manchmal gesellte sich Emre dazu und klatschte, wenn Tamy sich keuchend und strahlend von ihrem Vater in ein Handtuch wickeln ließ. »Ich kenn deinen Papa schon so lange, Tamy, weißt du? Er hat hier deine Mutter kennengelernt …« Ein kurzes Schulterklopfen zwischen den beiden Männern. Ein Augenzwinkern. »Wenn du gewinnst, stell ich deinen Pokal hier bei mir im Kiosk auf. Mit einem Foto aus der Zeitung von dir, okay?«

An kühlen Regentagen gingen Tamy und ihr Vater in die Halle. Er brachte ihr das Kraulen bei, links, rechts, links, rechts, atmen. Ihre kleinen Arme sausten durch das Wasser. Sie wurde immer besser, immer schneller. Sie bekam nicht genug davon.

»Wie schnell, Papa? Wie schnell war ich?«

Zum Ende der Sommerferien war sie so weit. Sie schwamm Bestzeiten, ihr Körper wurde kräftiger, und sie hatte die Ausdauer eines Rennpferdes, wie ihre Mutter gerne scherzte. Tamy freute sich mittlerweile auf den Wettkampf wie sonst auf Weihnachten.

»Du schaffst das, Tamy. Ich werde auf der Tribüne sitzen und dich anfeuern wie sonst auch«, sagte ihr Vater.

»Aber wie denn? Da sind doch so viele andere. Ich seh dich doch dann gar nicht.«

»Du wirst mich sehen. Ich denk mir was aus, so, dass du mich unter den anderen auf jeden Fall erkennen wirst, okay?«

»Okay, Papa.«

»Du bist die Beste und mein größter Schatz.« Er drückte sie fest an sich.

Sie würde ihren Vater niemals enttäuschen!

Die erste Schulwoche verging wie im Flug. Mit hoch erhobenem Kinn und breitem Kreuz verabschiedete Tamy sich am Freitagmittag von ihren Freundinnen: »Wir sehen uns Sonntag in der Halle! Dann hol ich mir den Pokal.«

Am Samstagmorgen wollte sie noch eine letzte Trainingseinheit mit ihrem Vater einlegen, aber am Freitagabend wartete Tamy mit ihrer Mutter vergeblich auf ihn.

Stattdessen kam ein Anruf aus dem Krankenhaus und beendete Tamys Karriere, bevor sie begonnen hatte, und beendete sowieso alles, was für Tamy immer selbstverständlich gewesen war, zum Beispiel, dass ihr Vater immer an ihrer Seite sein würde.

»Ein Arbeitsunfall auf der Baustelle.« Der Arzt sah ihre Mutter aus geschwollenen Augen an. »Ihr Mann hat schwere innere Verletzungen durch den Sturz.«

Tamy und ihre Mutter warteten. Und warteten. Zuerst ging Tamy auf und ab, suchte und fand doch nichts, was sie ablenken konnte in den kargen Fluren des Krankenhauses. Später legte sie sich in den Schoß ihrer Mutter. Sie weinte, und schließlich fiel sie in einen leichten Schlaf.

»Wir konnten nichts mehr tun. Es tut mir unendlich leid.«

Tamys Vater starb noch in der Nacht.

Damit machte Tamys Leben ungefragt eine Rückwärtsrolle und kehrte alles ins Nichts, wo vorher alles gewesen war.

Sie hatte nicht am Wettkampf teilgenommen. Weder an diesem Sonntag noch an irgendeinem anderen Tag. Sie bekam nicht mit, wer damals an ihrer statt gewonnen hatte. Es interessierte sie auch nicht. Wettkämpfe und das restliche Leben waren etwas, das von nun an da draußen passierte, weit weg von Tamy. Sie nahm an nichts mehr teil.

In der Schule zog sie sich zurück. Sie bettelte ihre Mutter an, sie sooft wie möglich von den Schwimmstunden befreien zu lassen.

Fragten Mitschüler nach ihrem Vater oder nach ihrem Schwimmtraining, ging Tamy mit den Fäusten auf sie los. Irgendwann blieben die Fragen aus. Man machte einen Bogen um Tamy, und die Fäuste blieben in den Taschen. Es war ihr ganz recht.

Sie mied auch den See. Nie wieder würde sie dort hingehen. Das Schwimmen war mit ihrem Vater gestorben. Ihre Freude daran und ihr Ehrgeiz, die Beste zu sein, blieben am See zurück.

Tamy fühlte sich nach seinem Tod nie wieder ganz. Sie fand nicht wieder zu ihrer Kraft zurück, weil der Teil von ihr fehlte, der ihr diese Kraft gegeben hatte. Das übrig gebliebene Leben war zäh und klumpig und zog sie nach unten. Sie träumte häufig davon, zu ertrinken. Sie schlug um sich und wachte davon auf, wie sie in ihr Kopfkissen boxte.

Tamy richtete sich ein Leben ein, in dem sie sich so wenig wie möglich einer Angst stellen musste. Sie verreiste nie mit dem Flugzeug, Badeurlaube kamen sowieso nicht infrage, sie nahm Jobs an, die viel Abarbeiten, aber keine Herausforderung beinhalteten, sie lernte Philipp kennen, dann Mark, beides nette Kerle, die sich vergebens bemühten, aus ihrer Tamy eine mutige Frau zu machen, die »sich auch mal was traut«.

»Was wollt ihr denn von mir?«, blaffte sie die Männer an.

Philipp gab nach wenigen Wochen auf, Mark hielt ein Jahr durch, dann verschwand auch er aus Tamys Leben. Für Tamy war es okay. Mit Lücken in ihrem Leben kannte sie sich aus. Sie machte weiter. Ein Leben ohne Ausschläge.

Dann kam dieser Donnerstag, wenige Wochen nach ihrem dreißigsten Geburtstag.

Tamy trat nach einer Routineuntersuchung aus der Tür des Ärztehauses. Um sie herum das bunte Treiben der Einkaufsstraße, die Sonne schien ihr ins Gesicht. Von allen Seiten schrie das Leben sie an und prallte gegen die leere Hülle, die sie war.

Sie stützte sich an die Hausmauer und keuchte. Panik stieg in ihr hoch.

Die gerade Linie, an der sie sich bis hierher entlanggehangelt hatte, sackte zwischen Einkaufstüten und Fußgängern tief nach unten, so weit, dass ihre Mutter sie in eine Klinik brachte. Die Ärzte wollten ihr Medikamente verschreiben. Zur Stabilisierung. Sie wollten sie dabehalten. Für weitere Untersuchungen. Tamy weigerte sich. Sie blieb zwei Tage, dann wollte sie gehen. Die Ärzte drängten zu weiteren Therapien. Tamy weigerte sich. Sie entließ sich auf eigene Verantwortung. Krankenhäuser brachten den Tod. Tamy wollte den Tod nicht, sie wollte ihre Ruhe, das war ein Unterschied.

Sie ging nicht zurück in ihre Wohnung, nicht nach Hause zu ihrer Mutter, die ohnehin nur noch arbeitete. Tamy meldete sich dagegen nicht zurück zur Arbeit. Die darauf folgende Kündigung berührte sie nicht. Sie nahm Aushilfsjobs an, übernahm Schichtdienste und Springerjobs, die sie oft wechselte. Ein Alltag ohne Anekdoten, an die es sich zu erinnern lohnte. Jedem Gedanken an ihr bisheriges Leben ging sie, so gut es ging, aus dem Weg. Sie lösten nur neue Panikattacken aus.

Tamy verschwand am liebsten im Nachtleben. Sie folgte spontanen Impulsen, und die führten sie in Karaokebars, wo sie den ersten Schnaps ihres Lebens trank. Und sang. Und vom Stuhl kippte. Und ihren ersten Kater erlebte. In Clubs, wo sie sich dem

Wummern der Musik hingab und dem ein oder anderen Kerl, der sie mit zu sich nach Hause nahm.

Die Träume vom Ertrinken kamen wieder, regelmäßig, und mit neuer Heftigkeit. Oft wachte sie schreiend auf.

An einem frühen Morgen, der Müllwagen drehte die erste Runde durch die Stadt, entschied sie sich für eine Tagesklinik, die sie für längere Zeit krankschrieb. Tamy war nicht krank. Eine leere Hülle konnte nicht krank werden, trotzdem nahm sie die Medikamente, sprach mit Therapeuten, hörte Musik und sah sich viel Schrott im Fernsehen an. Sie redete nicht über ihre Träume. Sie war nicht blöd. Sie wusste, wie Therapeuten tickten. Den alten Knoten Angst würden sie mit ihren sanften Zuhörerminen nicht lösen können.

Ob es Trotz war oder der urmenschliche Instinkt, irgendwie zu überleben, wusste Tamy nicht, als sie beschloss, zur alten Schwimmhalle zu fahren. Schüler kamen in Horden aus der Tür, mit nassen Haaren im feuchten Herbstwind.

Drinnen war nicht mehr viel los. Die Dame am Empfang nickte ihr zu, und Tamy kaufte sich ein Kurzschwimmerticket.

Nach über zwanzig Jahren stand sie wieder am Beckenrand. Neben ihr die Leiter, die ins Wasser führte. Am anderen Ende die Sprungblöcke. An der langen Fensterseite stand der Bademeister und unterhielt sich mit einer Frau mit rosa Badekappe. Dort war der Platz für die Tribüne an Wettkampftagen. In ihrer Erinnerung war die Halle riesig, doch jetzt, unter dem Blick der Erwachsenen, schrumpfte sie zurück auf eine kleine Dorfschwimmhalle, die ein bisschen in die Jahre gekommen war.

Das Schwimmerbecken allerdings war in einem Top-Zustand. Der Kachelboden unter ihr schimmerte, neben ihr hechteten ein paar Vereinsschwimmer ins Becken. Vor ihr lagen fünfundzwanzig Meter, die es zu bewältigen galt. Sie heftete ihren Blick an die andere Seite des Beckens. Sie nahm sich vor, dort anzukommen. Einfach anzukommen. Nicht zu ertrinken.

Da trat jemand in ihr Blickfeld. Er stand am gegenüberliegenden Beckenrand, so, wie sie ihn in Erinnerung hatte, als sie fünf war: in Badehose und mit einer Stoppuhr in der Hand. Er rief ihr zu: »Na los, Tamy, bei drei geht's los!«

»Das ist nicht real, Tamy.« Sie wollte sich die Augen reiben, ließ es aber bleiben. »Schwimm einfach. Schwimm – und bloß nicht verrückt werden.«

Sie tauchte ein und schwamm los. Sie kraulte zunächst, stellte aber fest, dass ihr Kondition und Kraft fehlten, um in einen Rhythmus zu kommen. Sie verschluckte sich, hielt kurz inne und suchte nach ihm. Sie konnte ihn nirgends entdecken. Als sie auf der anderen Seite ankam, nach Luft schnappend, dort, wo er gerade noch gestanden hatte, war niemand mehr da.

Alte Wut kam zurück. Mit großer Wucht drückte sie gegen ihre Lungen. Sie beschimpfte sich für diese kindische Einbildung. Sie schlug aufs Wasser und begann die Rückrunde mit kräftigen Zügen. Wenn sie aus der Puste kam, fluchte sie. »Mist noch mal! Ich kann's einfach nicht mehr.«

Sie schleppte sich an den Rand zurück. Überlegte, eine letzte Runde zu schwimmen, eine Abschiedsbahn und es dann endgültig zu lassen.

Da sah sie ihn wieder. Wieder am gegenüberliegenden Beckenrand. In der gleichen Pose. Auf sie wartend.

Sie schüttelte den Kopf.

»Eine letzte Runde, dann ist Schluss«, sagte sie zu sich selbst und schob die Schwimmbrille zurecht.

Ihr Vater hielt jetzt die linke Hand hoch und zählte: »Eins, zwei …«

Bei drei schwamm sie wieder los. Sie entschied sich für Brustschwimmen und zog ihre Arme in schnellen Bögen vor sich her. Sie drängte das Wasser zur Seite, aber der Abstand schien nicht kleiner zu werden. Er würde wieder verschwinden, wenn sie nicht schneller würde. Wieder verlor sie Kraft und Zeit.

Aber ihr Vater blieb. Er lächelte und hielt die Stoppuhr in die Luft. »Du bist eine Gewinnerin«, hörte sie ihn sagen.

Sie wurde schneller, der Abstand kleiner, die Müdigkeit in ihren Knochen schwand, eine alte Kraft floss durch ihre Arme und Beine.

»Los, Tamy, du schaffst das!«

Am Beckenrand angekommen griffen ihre Hände ins Leere. Atemlos blieb sie am Rand hängen, ihre Füße stützten sich auf den kleinen Vorsprung.

Sie drehte sich um, um die nächste Bahn in Angriff zu nehmen. Und da stand er wieder.

Er beugte sich weiter vor, in gespannter Erwartung, wie schnell sie diesmal sein würde.

»Schwimm, Tamy, schwimm«, sagte sie sich selbst.

Nur so konnte es gehen, nur so konnte sie ihn festhalten.

Sie wollte, dass er bei ihr blieb, sie wollte ihn nicht aus den Augen verlieren. Es war, als würde er mit ihr trainieren. Wie früher. Dieses Mal bis zum Ende.

Nach diesem Tag kaufte sie sich eine Jahreskarte. Nur Feiertage oder Revisionsarbeiten konnten Tamy davon abhalten, zu trainieren. Sie brach die Therapie ab. Sie setzte die Medikamente ab. Sie brauchte keine Hilfe. Sie brauchte die Schwimmhalle. Hier war alles, was ihr gefehlt und was sie immer gebraucht hatte.

Sie spürte alte und neue Kräfte. Ihr Körper war nicht mehr ganz so wendig wie vor vielen Jahren. Sie ließ sich nicht entmutigen. Nicht noch einmal. Und ihr Vater blieb bei ihr. Er wartete auf sie am Beckenrand.

Andere Schwimmer machten ihr Komplimente für ihren Stil, für ihre Schnelligkeit. Tamy blieb verschlossen. Andere Menschen interessierten sie nicht.

Dann sprach Harry sie an. Harry, der eigentlich Hans-Jürgen hieß, seinen Namen aber gern verschwieg.

»Sag mal, schwimmst du um dein Leben?«, fragte er und grinste.

Die Frage brachte Tamy aus dem Konzept. Sie nahm die Brille ab und sah ihn irritiert an.

»Nur ein Spaß. Du bist verdammt gut. Für welchen Verein schwimmst du?«

»Ich schwimm für meinen Vater.« Sie schluckte. Das hatte sie nicht sagen wollen. »Na ja, eigentlich für niemanden … Für mich«, stammelte Tamy weiter. »Ich schwimme nur für mich.«

Sie schaute an Harry vorbei und suchte die Halle nach ihrem Vater ab. Einen kurzen Augenblick überlegte sie, ob der Typ vor ihr ihn vielleicht auch sehen würde. Der Gedanke machte sie verlegen.

Harry bekam davon nichts mit. Mit Vater-Tochter-Beziehungen kannte Harry sich nicht aus, aber er wusste sofort, wenn er ein Talent vor sich sah. »Wie heißt du?«

»Tamy.«

»Tamy, wie wär's, wenn ich mit dir trainiere?«

»Ich brauche niemanden.«

»Das sehe ich. Aber ich kenne ein paar echt gute Tricks, wie du noch schneller werden könntest. Deinen Stil verfeinern könntest …«

Harry trainierte mit Tamy seitdem zweimal die Woche. Nur sie und er. Dazwischen schwamm sie allein und übte. Sie wurde besser. Harry wollte sie unbedingt in sein Team holen. Tamy willigte ein – unter der Bedingung, am nächsten Regionalliga-Wettkampf teilnehmen zu dürfen.

Harry lachte laut. »Als ob das nicht sowieso klar gewesen wäre!«

Der Tag des Wettkampfes näherte sich. Tamy rang mit sich. Am Abend davor verfolgten sie längst verdrängte Erinnerungen. Die weißen Flure mit den Kunstdrucken, die roten, schweren Augen des Arztes, die verkrampften Hände ihrer Mutter, das taube Gefühl im Körper.

Sie hätte den Wettkampf damals gewonnen. Ihr Vater hätte sie danach durch die Luft fliegen lassen, und sie, Tamy, wäre das glücklichste Mädchen der Welt gewesen.

Aber das Leben nahm mehr, als es gab, und fragte nicht um Erlaubnis. Es machte einfach. Tamy schrie in ihr Kopfkissen, bis ihre Kehle rau war und das Kissen feucht.

Und jetzt? Jetzt stand sie auf dem Block und wartete auf den Pfiff. Ihren Pfiff, der vor einundzwanzig Jahren durch diese Halle hätte tönen müssen.

Sie suchte nach ihrem Vater in der Menge. Auf der Tribüne. Nichts.

Auch am Beckenrand stand er nicht. Ausgerechnet heute nicht. Wieso fehlten die wichtigsten Menschen immer dann, wenn man sie am meisten brauchte?

Der Pfiff. Mit einem weiten Sprung tauchte sie in das Wasser. Und schwamm. Schwamm für sich. Für Harry. Für ihre Bestzeit. Für ihren Sieg. Für den nie stattgefundenen Wettkampf. Für ihren Vater, der nie hatte dabei sein können. Für ein Leben, das in anderen Bahnen hätte laufen können. Sie schwamm tatsächlich um ihr Leben.

Sie hörte Harry schreien, er lief am Beckenrand mit und gestikulierte wild. Sie war nicht schnell genug.

Tamy hob den Kopf minimal über die Wasseroberfläche, kurz, hoffte, aber er war nicht da.

Sollte sie abbrechen?

»Tamy, du schaffst das!« Harry beugte sich zu ihr runter. Er vertraute ihr und ihrem Können. Genau wie ihr Vater.

Tamy atmete ein, sammelte neue Energie. Dann machte sie eine Rolle, stieß sich an der Kachelwand ab und schwamm die nächste Runde. Aus Wut wurde Beschleunigung. Aus Angst der feste Wille, es zu schaffen.

Sie gab alles, sie war eine Gewinnerin, auch wenn sie wusste, wie sich verlieren anfühlte.

Sie gewann. Mit Abstand. Harry konnte sein Glück kaum fassen. Er tanzte um sie herum, drückte ihre Schulter und zeigte immer wieder auf Tamy.

»Meine Tamy!« Er riss ihren Arm hoch. »Ich wusste es!«

Wäre sie nicht gerade frisch aus dem Wasser gestiegen, hätte man sofort gesehen, dass sie weinte. Tränen liefen über ihr Gesicht. Sie vermischten sich mit dem Chlorwasser, rollten über Wangen und Lippen und tropften an den Beckenrand, wo sie im Wasserschacht verschwanden.

Nein, es war kein gewöhnlicher Wettkampf. Es war der erste Wettkampf, an dem Tamy teilgenommen hatte. Und es war ihr letzter.

Jetzt war es Zeit für einen Abschied, den sie allein bestimmte. Es sollte ein Abschied vom Wasser sein, von der Erinnerung an etwas, das zu ihr als Kind gehört hatte. Und jetzt nicht mehr.

Tamy hatte neue Pläne. Sie würde es Harry später sagen. Er würde tief enttäuscht sein. Vergeudetes Talent. Aber er kannte sie gut genug. Er würde verstehen, dass es ihr nicht um das

Talent gegangen war, das sie einst beim Schwimmen entdeckt hatte, sondern um das Talent, ihr Leben selbst wieder in die Hand zu nehmen.

Für Tamy würde das ebenfalls ein hartes Training sein, dem sie sich nun widmen würde.

Harry würde das verstehen.

6 Fenris

Der Sprung

»Euer Vater ist stinkwütend auf mich.«

Ihre Mutter hielt Fenris und Ilka an den Händen und schaute abwechselnd zwischen ihnen hin und her. Der Wind zog kräftig an ihren langen Haaren und trug ihre Worte über die Klippen.

»Sie sieht aus wie eine Wikinger-Braut«, dachte Fenris. »Groß, stark, mächtig – und die beste Springerin an der ganzen Küste.«

»Beweist mir, dass es kein Fehler war, mit euch hierhergekommen zu sein.«

Fenris und seine Schwester schüttelten energisch die Köpfe. Natürlich nicht! Sie hatten schließlich darauf gedrängt, dass sie sie endlich mitnahm.

»Wir waren einst ein Volk vom Meer, Kinder.«

Sie wiederholte die alten Geschichten immer und immer wieder. Ob wahr oder erfunden, Fenris hörte sie gerne.

»Das Meer ist in uns. Aber es ist mächtiger als wir. Es ist unser Leben und kann den Tod bedeuten, wenn wir es nicht respektieren.«

Fenris wippte ungeduldig auf den Füßen auf und ab, und unter ihnen wippten die Schaumkronen mit. Das Meer war nicht das Problem. Regen und Wind rauten die Oberfläche so auf, dass die Felsen darunter schlecht zu sehen waren. Aber sie hatten unendlich viele Male geübt. Er kannte jeden Brocken da unten.

Er hatte keine Angst. Er sah Ilka an, sie nickten einander zu wie zwei Krieger kurz vor dem Kampf, die Gesichter finster und entschlossen und zu allem bereit. Es gehörte zum Spiel dazu.

»Können wir, Mama?«

»Springt, als wäre es euer erster Sprung.« Sie ließ ihre Hände los. Und Fenris und seine Schwester sprangen …

»Fenni?«

Keine Antwort.

»Fenni, schläfst du schon?« Ilka blieb hartnäckig.

»Nein.«

»Woran denkst du gerade?«

»An das Klippenspringen im Regen mit Mama.«

»Du vermisst das immer noch alles, oder?«

»Ja.« Fenris schluckte kräftig. Etwas Hartes drückte gegen seinen Kehlkopf. »Du auch?«

»Och, es geht. Ich denke manchmal noch dran. Wie jetzt, wenn der Regen so laut ist, dass ich nicht schlafen kann. Da oben hat es viel mehr geregnet.«

»Glaubst du nicht, dass wir bald zurückgehen?«

»Ich weiß nicht. Ist doch gar nicht so schlecht hier.«

»Na ja …« Fenris starrte in die Dunkelheit.

»Immerhin haben sie hier einen großen See.«

»Pff.«

Fenris drehte sich zur Wand. Einen großen See! Das war gesammeltes Regenwasser in einem Loch, das von einem Bagger ausgehoben worden war. Und den alten Sprungturm durfte man auch nicht mehr benutzen. Langweiliges, totes Gewässer.

»Was soll ich da? Baden?«

»Na komm, es ist wirklich ganz schön da.«

»Der See stinkt.«

»Du warst doch noch keinmal drin!« In der Stimme seiner Schwester schwang etwas Anklagendes mit. »Wenn du es wenigstens mal versuchen würdest … Aber du … seit wir hier sind, traust du dich gar nichts mehr!«

»Lass mich halt.«

»Lass mich halt«, äffte Ilka ihren Bruder nach. »Mensch, Fenris, hör auf zu träumen. Wir sind jetzt hier. Hier ist nicht alles schlecht. Auch der See nicht. Aber wenn du nie hingehst, wirst du es auch nie rausfinden.«

Fenris antwortete ihr nicht mehr. Er hörte, wie sie sich im Bett herumwälzte, ihr Atem irgendwann in ein leises Schnarchen überging. Er dagegen lag noch lange wach und dachte an das, was ihm morgen bevorstand.

Am nächsten Tag regnete es immer noch. Ilka plapperte bereits in der Küche, als Fenris sich an den Tisch dazusetzte. Sein Vater war schon lange aus dem Haus – wie immer, seit sie hergezogen waren. Seine Mutter schmierte ihre Pausenbrote – wie sie es immer getan hatte, auch als sie noch in Norwegen gelebt hatten.

»Na, Fenni, steht bei dir heute auch was *Cooles* an?« Seine Mutter wuschelte ihm durchs Haar.

Er schüttelte den Kopf und schlürfte Kakao.

Etwas Schreckliches stand an. Aber davon wollte er seiner Mutter nichts erzählen. Er hatte sie oft beobachtet, wie sie gedankenverloren in der Bewegung einfach innehielt oder aus dem Fenster starrte und seine Worte nicht zu ihr durchdringen konnten.

»Hast du Heimweh, Mama?«, hatte er sie einmal gefragt.

Ein schwaches Lächeln war über ihr Gesicht gehuscht. »Ach, Fenni, mein Großer.«

Dann war sie im Garten verschwunden.

Für Fenris stand seitdem fest, dass seine Mutter genauso Heimweh haben musste wie er. Wieso sollte er ihr also erzählen, dass er hier versagte, in ihrem neuen Leben, weit weg vom Meer. Denn nichts anderes war er, ein Versager, das würde die heutige Schwimmstunde endgültig beweisen.

Ilka und Fenris fuhren mit dem Bus zur Schule. Ilka saß hinten bei ihren neuen Freundinnen Paula und Annika, Fenris in der Mitte am Fenster. Er hielt den Platz neben sich frei für das schönste Mädchen, das er kannte.

Mia stieg immer drei Haltestellen nach ihm ein, und vorgestern hatte sie sich zum ersten Mal neben ihn gesetzt. Acht weitere Haltestellen lang hatten sie sich über die Schule unterhalten, über ihre Lieblingsfächer, über Norwegen, wo sie in den Sommerferien Urlaub gemacht hatte. Sie fand es schön dort, und Fenris hätte dem Busfahrer am liebsten gesagt, er solle einfach immer weiterfahren.

Heute blieb ihr Platz unbesetzt.

Auch gut, dachte Fenris, dann war sie vielleicht gar nicht da, um zuzusehen, wie er zur Witzfigur der ganzen Klasse werden würde. Sein Magen faltete sich zusammen bei dem Gedanken an die Schwimmhalle. An das künstliche, eingekachelte Wasser, an den Gestank von Chlor, das seine Nase so sehr reizte, dass er davon Nasenbluten bekam.

So wie letzte Woche, als der Ärger erst richtig begonnen hatte. Mit dem verdammten Nasenbluten. Er konnte seine Lehrerin noch deutlich hören.

»Fenris, komm mal ganz schnell raus aus dem Wasser und hol dir Taschentücher!« Die Stimme der Sportlehrerin hallte durch die ganze Halle und zog die Aufmerksamkeit hinter sich her, zu Fenris rüber.

Fenris klammerte sich an den Beckenrand. Das Blut tropfte von der Nasenspitze auf die Kacheln. Ein hellroter Fleck breitete sich vor ihm aus.

»Iiiih!« Hörte er neben sich im Wasser. »Der blutet voll! Voll ins Wasser!« Das war Tim.

Er hasste Tim. Mehr noch als das Chlorwasser.

Fenris kletterte umständlich aus dem Becken und rannte zu den Umkleiden. Dabei hielt er die Hände unter die Nase und konnte die Tropfen doch nicht aufhalten. Sie bahnten sich einen Weg zwischen seinen Fingern hindurch, die Unterarme abwärts. Er hätte sich selbst ausgelacht, wenn er sich nicht so geschämt hätte.

Warum konnte man sich nicht einfach in Luft auflösen?

Den Rest der Stunde schaute er zu, die Taschentücher unter die Nase gepresst. Seine Mitschüler sprangen und schwammen um die Wette. Er sah, wie Tim einen Kopfsprung vom Einser machte, leichtfertig, mit Anlauf, kein Zögern, kein Zaudern. Wut pochte in seinen Ohren. Er wusste nicht, auf wen, auf Tim, auf sich selbst, auf den Schwimmunterricht? Das Nasenbluten begann von Neuem.

Unter der Dusche rempelte Tim ihn an. »Na, Weichei.«

Die Berührung löste etwas in Fenris aus: Die Wut meldete sich zurück und legte einen Schalter in ihm um. Er schob das Kinn nach vorne, ballte seine Faust und hielt sie vor Tims Nase.

»Ich bin bestimmt kein Weichei. Du hast ja keine Ahnung.« Seine Augen bohrten sich in die von Tim und verhakten sich dort.

Kurz zuckte Tim zurück. Er musste blinzeln, fasste sich aber schnell wieder und grinste Fenris ins Gesicht.

»Wovon hab ich keine Ahnung? Vom Nasenbluten?«

Gelächter übertönte das Rauschen der Duschen.

»Was wisst ihr schon. Ein Scheißdreck ist das hier.«

»Oho, hört, hört! Der Wikinger wird aufmüpfig.«

Wieder Gelächter.

Fenris hörte nichts mehr. Dafür spürte er das Meer in seinen Adern pulsieren, die Spannung in seinem Körper, wie er sie kannte, wenn er in einem leichten Bogen die Klippen heruntersprang und wie ein Pfeil in die Tiefe des Meeres schoss. Er spürte die Strömung, wie sie an seinen Muskeln zog, wie sie ihn verschlucken, mit sich nach draußen aufs Meer ziehen wollte. Fenris kannte das Spiel, er hatte sich ziehen lassen, nur, um ihr dann zu beweisen, dass er stärker war, dass er die Kontrolle über das Element besaß.

Hier war alles anders. Er redete sich unter der Dusche vor Tim und den anderen um Kopf und Kragen. Er gab an mit seinen Künsten als Klippenspringer und ließ sich schließlich auf eine Wette ein. Ein Kopfsprung vom Dreier. Fenris hatte keine Kontrolle, weder über sich noch über Tim. Er dachte einfach nicht nach.

»Schaff ich mit links. Langweiliger Kinderkram.«

Das war vor genau einer Woche gewesen. Heute war der Tag der Wetteinlösung. Fenris stieg aus dem Bus. Mathe, Bio, Schwimmen, Deutsch.

Zur ersten Stunde kam Mia fünf Minuten zu spät. Fenris freute sich, dass sie da war, und gleichzeitig stieg der Druck. Sie würde also doch Zeugin seines Untergangs werden.

Sie huschte an ihm vorbei an ihren Platz, ein feiner Luftzug huschte hinter ihr her und hauchte ihm einen Gruß von ihr zu.

Den Rest der Stunde bekam Fenris nicht viel mit. Hin und wieder drehte er sich nach hinten, um sich zu vergewissern, dass

Mia noch dort saß. Das gleiche Spiel in Bio, dann ging es los zur Schwimmhalle. Die Zeit zurückdrehen – oder wenigstens anhalten, wieso hatte das noch niemand erfunden?

Sie schwammen sich warm. Wie ein Fischschwarm zogen vierundzwanzig Schüler Bahn um Bahn in dem für sie abgegrenzten Bereich. Jeden Tag, jede Stunde eine andere Klasse. Am äußeren Rand des Beckens war eine Bahn frei für die Vereinsschwimmer, die von einem wild gestikulierenden Trainer begleitet wurden. Er schien unzufrieden mit der Leistung der beiden sich dort abmühenden Schwimmerinnen.

»Frau Fahrenstein«, meldete sich plötzlich Tim. »Wir wollen heute auf den Dreier, biiiitte.« Er machte ein Gesicht wie ein Welpe, bettelnd und wohlwissend, dass er damit Erfolg haben würde.

»Na gut. Wenn ihr das alle wollt. Dann machen wir noch eine Runde Kraulen, zehn Bahnen, und stellt euch dann in einer Reihe am Dreier auf.«

Wer hatte von »alle« gesprochen?

Fenris' Magengrube sackte ein Stück nach unten. Frau Fahrenstein hatte sonst niemanden gefragt. Sie hatte einfach Tims Worten Glauben geschenkt, ohne daran zu denken, dass es vielleicht jemanden gab, der das *nicht* wollte.

Scheiß Schule. Scheiß auf Frau Fahrenstein.

Fenris schaffte die zehn Bahnen mühelos. Er ertrank nicht. Er erstickte nicht. Sogar das Nasenbluten blieb aus. Es gab keine Ausrede, die Stunde frühzeitig abzubrechen.

»Na, heute ist dein großer Tag, Wikinger.«

Tims Ellbogen stieß gegen Fenris' Rippen. Er stellte sich hinter ihn in die Reihe. Sie waren die Letzten, die springen würden. Sie sahen, wie zweiundzwanzig Klassenkameraden im einfachen Sprung, mit den Füßen voran, vom Brett hüpften.

Fenris aber musste den Kopfsprung machen, sonst würde er in dieser Schule nie wieder einen Fuß auf die Erde bekommen. Dafür würde Tim schon sorgen.

Er war an der Reihe.

Stufe um Stufe ließ er die Klasse unter sich, sah ihre Köpfe, sah sie schrumpfen.

Eine Leiter bis in den Himmel, und dort verschwinden, über den Wolken, dort, wo Kerle wie Tim mit seiner großen Klappe und den großen Ohren keinen Zutritt hatten.

Dann stand Fenris auf dem Brett. Die raue Oberfläche kitzelte seine Fußsohlen. Fünf Schritte noch bis zur Kante. Sein Körper verweigerte jedoch jede Rührung. Nur seine Augen flackerten. Sie wanderten durch die Halle, runter aufs Wasser. Helles Blau. Gefangenes Wasser. Er konnte die Fugen am Boden erkennen. Der letzte Schüler kletterte gerade aus dem Becken.

Erst war es still. Bis auf das leise Schwappen des Wassers und das Glucksen, wenn es im Überlauf verschwand. Dann rief einer von tief unten: »Na los, spring schon.«

Würde er ja. Stattdessen stand er noch immer an der gleichen Stelle. Er hatte keine Macht über seine Beine, über seinen Willen. Wie betäubt blieb er, wo er war.

»Komm schon. Das ist doch wie Klippenspringen«, dachte er. Nur einfacher. Ein einfacher Kopfsprung.

Mechanisch schob er einen Fuß vor und stoppte. Unter ihm bewegten sich ein paar Köpfe. Er konnte die Gesichter nicht mehr ausmachen, sie tauchten in einen Nebel und rückten in weite Ferne. Nur Tims Grinsen nicht. Es verfolgte ihn bis zur Sprungkante und breitete sich langsam, aber siegessicher vor Fenris aus, der nichts weiter war als ein törichter Angeber, der seine Wette nicht einlöste.

»Geh einfach wieder zurück«, dachte Fenris. »Die Treppe wieder runter, und das war's dann.«

»Fenris, komm. Noch zwei Schritte nach vorn. Dann einfach fest anspannen und los. Nur Mut!« Frau Fahrenstein meinte es sicherlich gut, doch wusste sie nichts von ihm. Sie wusste nichts von dem Mut, den er an der Küste im hohen Norden zurückgelassen hatte. Sie wusste nichts von der Wette. Gern hätte er für Frau Fahrenstein den Sprung gewagt. Noch lieber für Mia. Auch sie stand unten irgendwo und schaute jetzt bestimmt zu ihm rauf.

Zwei kleine Schritte. Noch zwei. Seine Zehen erreichten den Rand des Bretts. Es wippte leicht. Fenris machte sich steif. Sein Atem ging flach. Vielleicht würde er ohnmächtig werden. Und bewusstlos ins Wasser stürzen.

»Los, Fenni, du schaffst das.«

Er erkannte Mias Stimme. Nervös warf er einen kurzen Blick nach unten. Die gesamte Klasse 6b stand aufgereiht am Beckenrand und wartete auf seinen Sprung. Er spürte ihre Ungeduld. Wieder wippte das Brett und brachte seine Knie zum Zittern.

Dann passierte das Letzte, was er wollte. Das Letzte, was ihm, Fenris, passieren durfte: Eine Träne schlich sich aus seinem Augenwinkel. Dann noch eine.

Krieger heulten nicht! Er kannte keine einzige Geschichte von einem heulenden Wikinger, aber er stand drei Meter über dem lauwarmen Hallenbadwasser in einer stinkigen Schwimmhalle eines unbedeutenden Ortes ohne Legenden und Helden und konnte es nicht verhindern: Er fing an zu heulen.

Fenris schloss die Augen. Doch sie quetschten sich an den zusammengepressten Lidern vorbei: Dicke, salzige Perlen fanden ihren Weg nach draußen, um gemächlich über seine Wangen zu rollen. Jetzt bloß nicht wegwischen, dann wäre es offensichtlich.

Aber es war offensichtlich: Er hatte verloren.

Fenris heftete seinen Blick auf seine nackten Füße. Langsam, Schritt um Schritt, setzte er sie rückwärts Richtung Treppe. Er musste eine erbärmliche Erscheinung abgeben, wie er in Zeitlupe vom Brett und dann die Leiter wieder runterkletterte.

Getuschel, Gekicher, Geräusche der Niederlage verfolgten ihn durch die Halle. Ohne aufzusehen, schlitterte er schließlich über die Fliesen in die Kabine. Nass, wie er war, streifte er sich seine Klamotten über.

Er trat gegen den Spind. Wie er diese Stadt hasste, in die er nie gewollt hatte, die Schule, die ihn nicht wollte, und das Wasser hier, das keine Geschichte zu erzählen hatte.

Er schmeckte das Salz seiner Tränen. Ausgerechnet seine eigenen Tränen erinnerten ihn jetzt an das Meer, *sein* Meer.

2369 Kilometer, 131 Stunden mit dem Fahrrad, 28 Stunden mit dem Auto – für Fenris unerreichbar. Die einzige Verbindung zum Ort seiner Kindheit bestand aus seiner Sehnsucht nach ihm.

Er dachte an seine Mutter, die nie Angst zu haben schien. Die ihnen Zuversicht und Abenteuer hatte versprechen wollen, den der Umzug mit sich bringen würde. Er dachte an seinen Vater, der immer noch daran glaubte, dass sein Sohn ein stolzer, furchtloser Mann werden würde, während er tatsächlich immer kleiner wurde. Er konnte ihn schon hören: »Warum hast du es ihnen nicht einfach gezeigt?«

Fenris hatte es ihnen gezeigt. Er hatte ihnen allen gezeigt, dass er der war, für den ihn alle hier hielten.

»Was weißt du schon, Papa? Du bist ja eh nie da.«

Blind vor Wut und mit tränenverhangenen Augen rannte Fenris los. Er rannte aus der Halle, über den Schulhof, die Straßen entlang bis zu einem Feldweg. Er rannte, bis er nicht mehr konnte. Und rannte weiter. Bis er dort war, an dem einzigen Ort, der ihm das zurückgeben konnte, was er eben auf dem Dreimeterturm in der Schwimmhalle verloren hatte. Er würde es ihnen zeigen, ihnen allen!

Er wischte sich mit dem Ärmel über sein Gesicht.

Das Wasser lag klar und ahnungslos vor ihm, als er sich atemlos auf seine Knie stützte und das Ufer absuchte.

Das Treppengeländer war an zwei Stellen bereits aus der Verankerung gerissen. Der Rost hatte sich an den Schraublöchern tief ins Material hineingefressen. Überhaupt bot der ganze Bau einen windschiefen und traurigen Anblick. Ein paar zerfetzte Baustellenbänder hingen an den unteren Stufen. Niemand scherte sich mehr um den alten Turm.

Langsam zog er Jacke, Schuhe, Hose, Pulli, T-Shirt und Socken aus.

Fenris ignorierte die Kälte, die Gänsehaut auf seinen Armen und die warnenden Zeichen der Baufälligkeit. Er musste einfach schneller sein als seine Angst und erklomm vor ihr den Turm mit entschlossenen Tritten.

Wenn er jetzt nicht sprang, würde er es nie mehr tun. Alles, was er als Kind von seinen Eltern gelernt, was seine Heimat ihm mitgegeben hatte, was in ihm war und was ihn ausmachte, wäre verraten und verloren. Er wäre kein Krieger mehr.

Er stand auf dem Brett.

»Seit wir hier sind, traust du dich gar nichts mehr …«, hatte Ilka gestern Abend gesagt. Sie hatte recht.

Diesmal würde er es schaffen, diesmal würde er seine Angst überwinden und mit Stolz und seiner ganzen Kraft einen Klippensprung hinlegen. Wie er es gelernt hatte. Als ihm noch nichts Angst gemacht hatte. Er ging bis vorne an den Rand. In der

Ferne hörte er jemanden rufen. Vielleicht war es auch nur die Erinnerung an das Tosen des Atlantiks.

Er spürte wieder den Nordwind, hörte das laute Klatschen der Wellen gegen die Felsen, das Zischen der Gischt. Er sah wieder die dicken Wolken auf einem weiten Himmel und die unruhige See, wie sie unter ihm auf und nieder wogte, ein Hin- und Herüberlegen, ob sie den jungen Springer in sich aufnehmen und wieder nach oben spülen oder in die Tiefe ziehen würde. Er schmeckte das Salz auf seinen Lippen.

Er spannte seinen Körper. Sehnen, Muskeln, Knochen wussten, was zu tun war. Auch sie erinnerten sich.

Fenris dachte an den Jungen, der er vor einem Jahr noch gewesen war. An die Kraft, die durch seinen Körper strömte.

Fenris schloss die Augen.

An die Entschlossenheit und an die unerschütterliche Überzeugung, es schaffen zu können.

Er setzte beide Füße vorne an die Kante des Bretts. Spannte den Rumpf. Hob das Kinn.

»Spring, als wäre es dein erster Sprung.«

Seine Mutter. Im Regen. Damals. Die Wellen erwartungsvoll unter ihm.

Er nahm die Arme nach oben. Es fehlte nur ein einziger Schritt –

Mia.

Das Meer –

Emre

7

Ins kalte Wasser

»Dann halt nicht.«

Enttäuscht drückt er das Gespräch weg und schiebt sein Handy wieder in die Hosentasche.

Frauen! Nie wissen sie, was sie wollen. Ihm bleibt nichts anderes übrig als zu warten. Wie so oft. Bis sie wieder anrufen und einen neuen Zeitpunkt vorschlagen wird.

Aus wie viel Warten besteht die Liebe wohl? – Mit dieser Frage im Kopf, und ohne die Antwort zu kennen, schließt Emre die Tür zu seinem Kiosk auf.

Doch, es gibt etwas zu tun, das ihn ablenken wird. Die Saison wird bald beginnen, und der Kiosk muss auf Vordermann gebracht werden. Emre möchte anbauen. Eine kleine Terrasse mit Stühlen und bunten Sonnenschirmen. Eine Holzbank will er aufstellen mit einem kleinen, schweren Tisch davor. Dieser Platz soll für seine Stammgäste reserviert sein – für die Ewiggestrigen, die auch kein Interesse am Morgen mehr haben, die sich nur noch auf ihr Bier bei Emre freuen und den Tag vorbeiziehen lassen.

Die alten Männer mit ihren noch älteren Ansichten haben Emre anfangs zu schaffen gemacht. Sie beäugten ihn misstrauisch, den Neuen, den Ausländer, der ihnen hier in ihrer Heimat ihr Bier verkaufte. Sie zählten langsam und bedächtig die

Cent-Stücke ab, wenn er Wechselgeld rausgab, und brummten ein leises Danke in ihre Bärte. Das gegenseitige Prüfen auf Vertrauenswürdigkeit dauerte jedoch nicht lange.

Heute zählt keiner der Alten mehr das Wechselgeld, und Emre zählt auch nicht mehr nach, was sie ihm auf den Tresen knallen.

»Emre, eins noch.« Ein Nicken.

»Lass dir schmecken, Gerd.« Ein Nicken mit Bart.

Gerd und seine Kumpel sind Emres verlässlichste Stammgäste. Sein Überleben ist gesichert, denn die Männer trinken, kommen wieder und machen keinen Ärger. Dafür will er ihnen in diesem Sommer eine Bank spendieren.

Nach einem Winter unter Verschluss riecht der Raum jetzt nach abgestandener Kälte, die sich in den Holzbrettern verkrochen hat. Emre lässt die Rollläden hoch und einen kühlen Frühjahrswind hinein.

Es ist Mitte März, die Luft noch kalt, und an den schattigen Stellen ist der Boden noch gefroren. Das wird sich schnell ändern, wenn bald das Hochdruckgebiet heranzieht und die ersten warmen Frühlingstemperaturen vorbeischickt.

Emres Kiosk wird dann bereit sein.

Er liebt dieses kleine Ding.

Lange hat er dafür gekämpft und hart gearbeitet. Seit ein paar Jahren wirft es genug ab. Er muss im Winter nur noch ab und zu kellnern und einem Verwandten im Restaurant aushelfen. Das Schönste aber ist: Er besitzt etwas, das nur ihm gehört. Das er mit niemandem teilen muss.

Zufrieden lehnt er sich aus dem Verkaufsfenster. Ein zartes Vogelzwitschern, ein sanftes Plätschern, sonst nichts. Die Welt nimmt Anlauf auf die Hauptsaison, auf die lauten, heißen und bunten Tage des Jahres.

Emre genießt diesen Moment.

Im Augenwinkel nimmt er eine Bewegung wahr. Er tastet das Seeufer ab und bleibt am alten Sprungturm hängen. Oben auf dem Brett steht jemand.

Oh nein, nicht doch!

Emre rennt aus dem Kioskraum zum Ufer runter und brüllt: »Hey!« Er winkt wild. »Hey!«

Der verheerende Unfall! War das nicht auch ein Kind gewesen, das …? Versandetes Gewässer, das zu flach geworden war zum Springen, ein Junge, der das nicht wusste, die Gemeinde, die daraufhin die Stelle um den Turm abgesperrt hatte. Jahre ist es her, aber man erzählt die Geschichte immer wieder. Und jetzt steht dort oben …? Er versucht, die Person zu erkennen. Klein und schmächtig. Ein kleiner Junge. So ein Idiot! Was will der da oben, das ist lebensgefährlich!

Emre ruft noch lauter: »Nicht! Komm da runter!«

Der Kleine steht knapp an der Kante des Sprungbretts. Emre sieht, wie er einen Fuß anhebt und ihn wieder auf das Brett zurückstellt.

Scheinbar hat er nun doch Angst bekommen. Kleiner Scheißkerl, was macht der denn?

Emre läuft am Ufer entlang auf den Turm zu. Er fängt an zu schwitzen. Bitte, lass das hier keine Katastrophe werden!

Der Turm ragt vor ihm in die Höhe. Etwa fünf Meter, schätzt Emre. Die Treppenstufen sind teilweise lose, die Querstangen rostig, überhaupt: Das ganze Ding sieht alles andere als vertrauenserweckend aus. Ein Wunder, dass der Junge es bis nach oben geschafft hat, ohne abzustürzen. Wieso müssen Kinder immer den Verboten trotzen?

»Hey, Kleiner«, versucht er es noch einmal.

Aber der Junge reagiert nicht. Sein schmaler Rücken bebt ein bisschen. Er ist fast nackt, nur in Unterhose steht er da oben. Er muss frieren.

»Hey, komm runter. Das Wasser ist zu flach. Komm, ich helf dir.«

Keine Reaktion.

Angst zieht an seinem Herzmuskel, fest, fester, immer fester. Er muss den Jungen retten. Er hat keine Wahl. Aber auch keine Ahnung, wie.

»Scheiße, verdammte.«

Emre schlüpft aus seinen Schuhen, legt seine Jacke ab, wickelt den Schal von seinem Hals.

»Wie heißt du denn? Sag mal.«

In einem Geiselfilm hieß es einmal, man solle ein Gespräch anfangen, irgendwas Persönliches. Wieso fällt ihm das genau jetzt ein?

Egal, er versucht es weiter: »Ich bin Emre. Ich helf dir jetzt, okay?«

Aber der Junge rührt sich nicht. Dann streckt er sein Kinn nach oben und spannt den Oberkörper.

»Hey, hey, warte. Nicht springen, warte!«

Emre stürzt ins Wasser.

Augenblicklich saugt sich seine Jeans voll und klebt an Emres Beinen wie kalte Wickel. – Kalt. Mann, ist das kalt. – Er stapft schwerfällig durch das Wasser nach vorn vor den Turm. Das Wasser reicht ihm gerade bis zur Brust. Es ist viel zu flach.

»Viel zu flach! Hörst du? Das Wasser …«

Emre reckt seinen Hals zu dem Jungen nach oben. Er muss den Sprung verhindern. Ruhig bleiben, bloß keine zusätzliche Panik verbreiten.

»Kleiner, pass auf. Ich helf dir runter, okay? Nicht springen. – Du überlebst das nicht«, flüstert er.

Emre zittert. Er könnte heulen. Kälte, Zorn und Angst winden und verknoten sich in seiner Kehle. Wenn hier vor seinen Augen ein junges Leben beendet wird, das würde er nicht verkraften. Wie kann er ihm das antun?

Nicht denken, Emre, mach was. Aber was?

Noch bevor Emre einen weiteren Gedanken fassen kann, hebt der Junge die Arme weit nach oben, löst einen Fuß von der Kante, kippt nach vorne – und fällt.

Dass so ein Fall in Zeitlupe vor einem abläuft, ist Schwachsinn. Filmtrick. Hirngespinste von fantasieumwölkten Schriftstellern.

Emre sieht den Kleinen nicht fallen. Er hört ihn nur ins Wasser klatschen. Zwei Meter neben ihm verschwindet ein rotblonder Lockenkopf im Wasser. Der See verschluckt ihn und hinterlässt ein blubberndes Geschäume.

Ein Schrei bleibt in seiner Kehle stecken. Wie gelähmt starrt Emre nach oben auf das Brett, auf dem niemand mehr steht. Dann auf den Wasserschaum, in dem der Junge verschwunden ist.

Da taucht er auf. Wild um sich tretend. Mit offenem Mund. Er schreit nicht, er holt tief Luft und prustet. Es ist ein stummer Kampf.

Emre schiebt sich durch das Wasser auf den Jungen zu. Plötzlich fällt der Boden unter ihm ab. Seine Füße treten auf einmal ins Leere, und auch Emre versinkt gleich neben dem Jungen. Das Wasser schließt sich über ihm. Nadelstiche jagen in seine Kopfhaut. Sein Herz pocht heftig, um ihn daran zu erinnern, dass Baden im März bei wenigen Grad über null eine Scheißidee ist.

Er taucht auf. Er muss husten. Hektisch sucht er nach dem Jungen und packt ihn an den Schultern. Gemeinsam strampeln sie zurück ins Flachwasser. Von dort richtet Emre sich auf. Der nasse Stoff zieht an ihm, seine Muskeln sind kältestarr. Und trotzdem: Er schafft es, den kleinen Körper in seine Arme zu heben und aus dem Wasser zu tragen.

»Was hast du dir nur dabei gedacht?«

Emre will ihn anschreien, doch das bibbernde Bündel weicht sein Innerstes auf.

»Scheiße, das hätte echt schiefgehen können.« Emre zieht die Nase hoch.

Der Kleine ist genau in die tiefe Stelle gesprungen, die einzige dort, nur wenige Zentimeter weiter, und alles hätte ein anderes Ende nehmen können. Verdammtes Glück!

Emre sucht die Klamotten des Jungen zusammen, legt ihm seine eigene Jacke um den nackten Oberkörper und trägt ihn zum Kiosk.

Zwischen Glasregal und Kühlschrank lässt er ihn auf einen Stuhl sinken und wirft den kleinen Radiator an. Emre hockt sich mit davor und reibt sich die Oberarme. Es nützt nichts. Er friert weiter und reibt weiter und friert weiter.

»Wie heißt du denn?«

»Fenris.«

»Fen …, wie?« Was war denn das für ein Name?

»Fen – ris.« Die Lippen des Jungen sind blau. Er zittert und rutscht fast vom Stuhl.

»Fenris, das war lebensgefährlich. Du hättest … Na ja, also, du weißt, dass man da nicht rauf darf?«

»Ja.«

So weit, so gut. Was nun?

»Ich bring dich jetzt nach Hause«, schlägt Emre vor. »Du brauchst eine heiße Dusche, du musst dich aufwärmen. Sagst du mir deine Adresse? Oder deine Telefonnummer? Dann ruf ich deine Eltern an.«

Schweigen. Zittern. Ein Kopfschütteln.

»Willst du nicht nach Hause?«

»Ich will zurück.«

»Genau. Da bring ich dich ja auch hin, okay?«

»Geht nicht.«

»Was geht nicht?«

Emre versteht nicht. Irgendwo hier drin gibt es noch Teebeutel.

»Pass auf, ich koch uns einen Tee, und du erzählst mir, warum du nicht zurückwillst, ja?«

War das ein Kopfnicken?

Kinder. Er versteht einfach nichts von Kindern. Vielleicht will er doch keine. Bis jetzt hat diese Frage auch noch nie im Raum gestanden. War es dafür noch zu früh? Er hat sie nie darauf angesprochen …

Der Wasserkocher dampft und ruckelt ein wenig. Emre nimmt zwei Tassen und zwei Pfefferminzteebeutel aus dem Regal. Dann hockt er sich neben den Jungen vor die kleine Heizung.

»Na los. Ich hör dir zu.« Er nickt ihm aufmunternd zu.

»Ich wollte ans Meer. Aber wir können nicht mehr zurück, weil Papa hier arbeiten muss.«

Oje, Familienkrise.

»Aber … was hast du dann auf dem Turm gemacht?«

»Mich erinnert.«

Sie schweigen beide.

»Du wolltest dich an dein Zuhause am Meer erinnern?«

Ein Nicken.

»Hier auf dem Turm?«

»Und an das Klippenspringen.«

»Du bist von Klippen gesprungen?«

Da kommt Leben in den kleinen Körper. Fenris richtet sich auf und schaut Emre zum ersten Mal an. Er kann ein Leuchten erkennen in den Augen des Kindes. Es ist Stolz.

»Bei jedem Wetter. Ich war der Beste.«

Emre muss lächeln.

»Und da oben auf dem Turm ... habe ich mich erinnert. Wie es sich anfühlt, kein Loser zu sein.«

»Fenni? Fenni! Fennnniiiii!«

Emre hört eine Frauenstimme. Eine verzweifelte Frauenstimme.

»Das ist bestimmt deine Mutter.« Emre ist erleichtert.

Er erhebt sich, seine Beine sind steif. Fast hat er die Kälte vergessen.

Als er aus der Tür tritt, sieht er sie, Fenris' Mutter, wie sie suchend am See entlangläuft. Ein dunkelroter Strickschal und eine lange blonde Mähne wehen hinter ihr her.

Er winkt. Sie bleibt stehen. Das Wehen hört auf. Haare und Schal fallen an ihr herab.

»Fenris ist hier«, ruft er ihr entgegen.

Die Frau läuft erneut los, und wieder weht alles an ihr hinterher. Sie ist wunderschön. Es wird eng in Emres Brustkorb. Sie kommt näher und bleibt mit etwas Abstand abrupt stehen.

»Emre?«

»Solvej?«

Tausend Fragezeichen schwirren von Emre zu Solvej und zurück. Was macht Solvej hier? Warum ruft sie nach dem Jungen?

»Was machst du ... Ist Fenris dein ...?«

Bevor Emre einen klaren Gedanken fassen kann, dringt Solvejs besorgte Stimme zu ihm vor: »Ist er hier?«

Ihre Augen wandern zwischen ihm und dem Kioskeingang hin und her.

»Er ist da drin. Es geht ihm gut«, sagt er flach.

Solvej beginnt zu schluchzen. »Die Schule hat mich angerufen. Er ist einfach abgehauen. Ich habe überall gesucht! Bis Ilka meinte, er sei vielleicht zum See. Dieses scheiß Klippenspringen! – Oh Gott, was hat er sich nur dabei gedacht?«

Emre versteht nur die Hälfte. Etwas in ihm beschwört ihn, es bei der Hälfte zu belassen.

Sie stürmt an ihm vorbei und verschwindet im Kiosk.

Langsam dreht sich Emre um und folgt ihr.

Solvejs Haarpracht, ihr Mantel, ihre Tränen legen sich um ihren Sohn, und dünne Jungsarme schlingen sich um ihren Hals. Wie eine Geschenkschleife windet der dicke Wollschal sich um das Knäuel aus Mutter und Sohn.

Der Anblick rührt ihn. Und er versteht. Er versteht in diesem Moment alles.

Er tritt vor die Tür.

Der Himmel reißt auf, graue Wolken schieben sich auseinander und lassen ein paar Sonnenstrahlen hindurch. Dort, wo Fenris in die einzig tiefe Wasserstelle gesprungen ist, wo Emre Solvejs Sohn aus dem Wasser gefischt hat, hinterlässt der Frühling einen ersten sonnigen Gruß.

Er hört, wie Solvej sich hinter ihn stellt.

»Du hast einen Sohn.« Es ist keine Frage.

»Und eine Tochter.« Ihre Stimme ist belegt. Ihr Atem wärmt seinen Nacken. Eine Hand legt sich vorsichtig auf sein Schulterblatt.

»Und einen Mann, nehme ich an.«

Er spürt, wie sie sanft ihre Stirn gegen seinen Rücken lehnt und nickt. Die Berührung schmerzt.

Er liebt diese Frau. Eine Frau, die ihre Liebe bereits an eine eigene Familie verschenkt hat. Und er, Emre, ist gar nicht Teil, war nie Teil von etwas Größerem, sondern nur die Randfigur? Konnte das sein?

Seit über einem halben Jahr treffen sie sich, und er hat nichts vermisst. Ihre Anwesenheit hat alle Lücken gefüllt. Alle offenen Fragen sind stets in Küssen untergegangen.

Jetzt aber treten sie in voller Größe hinter dem Vorhang vor und drängen auf Antworten.

»Ich hab euch hier nie gesehen. Dich und … deine Familie.«

»Es hat sich nie ergeben. Ilka ist manchmal hier gewesen.«

Von ihrem Mann spricht sie nicht, und Emre fragt lieber nicht. Er dreht sich zu ihr um.

»Emre, können wir später reden? Ich …«

Er nimmt ihr Gesicht in beide Hände und küsst sie. Kurz. Zart. »Ich glaube nicht, dass es noch was zu reden gibt.« Dann lässt er sie los.

»Emre, bitte …«

Emre will die Antworten nicht. Nicht, wenn sie mehr Schmerz mit sich bringen als das unschuldige Ahnen, das ihn gerade umgibt.

Eine Sache muss Emre allerdings noch loswerden.

Fenris sitzt noch immer vor dem kleinen, elektrischen Ofen.

Emre wuschelt durch die nassen Locken des Jungen und hebt das schmale Jungskinn an. »Fenris, du bist kein Loser, okay? Denk so was nicht. Und lass dir das von niemandem einreden. Das war verdammt mutig heute. Und verdammt dumm. Aber ein Loser bist du nicht, Kleiner.«

Der einzige Verlierer hier ist er.

»Und jetzt los, geh mit deiner Mutter nach Hause, bevor du dich wirklich erkältest.«

Fenris rutscht von seinem Hocker und reicht Emre die Jacke zurück. »Danke.« Er umarmt Emre kurz und rennt nach draußen.

Emre sieht den beiden hinterher. Solvej dreht sich zu ihm um.

»Zeigt eurem Sohn, dass es hier auch ganz schön sein kann. Ohne von einem kaputten Turm springen zu müssen.«

Sie weint. Und winkt.

Emres Hände sind zwei Knoten in nassen Hosentaschen. Er friert und dreht sich weg.

Zwei Teebeutel warten noch auf heißes Wasser, das längst ausgekühlt ist. Emre schmeißt die Beutel weg. Der Tee wird ihn jetzt auch nicht mehr wärmen können.

An Ostern schnellen die Temperaturen schlagartig nach oben. Als ob der Sommer den Frühling überholt hätte. Jacken werden in Schränke geräumt, Picknickdecken in Badetaschen.

Die ersten FKKler entblößen sich, und der erste Stammgast sitzt auf einer Holzbank neben dem Kiosk und genießt ein kühles Bier im Sonnenschein. Vor dem Kiosk stehen Bierbänke, bunte Sonnenschirme flattern darüber wie aufgeregte Schmetterlinge.

Emre freut sich über den Anblick und über die ersten Gäste.

»Hey, Emre!«

An der Holztheke krallen sich zwei blasse Jungshände fest.

Fenris steht auf Zehenspitzen davor und strahlt.

Emre stutzt – und lächelt.

»Da sieh einer an: Der Klippenspringer beehrt uns.«

»Hast du Eis?«

Fenris kauft ein Wassereis und zwei Hörnchen mit Schoko-Nuss.

»Schön, dass du es zur Abwechslung mal mit Schwimmen versuchst.« Er reicht ihm das Eis runter.

»Ja, ist ganz okay.« Er blitzt Emre schelmisch an.

»Sind deine Eltern auch hier?« Die Frage kam schneller über die Lippen, als er sie stoppen kann.

»Nee, nur Mama.«

Nur Mama. Emres Neugierde siegt über seinen Stolz. Er fragt: »Und für wen ist dann das dritte Eis?«

»Das ist für Mia.«

Und da ist sie wieder. Die alte Hoffnung, dass Liebe alles erträgt. In Emre flattern nun ebenfalls ein paar aufgeregte Schmetterlinge. Sie tragen Zuversicht auf ihren Flügeln.

»Das geht aufs Haus.«

»Cool!« Fenris will los, hält inne und ruft: »Mama hat schon recht: Du bist echt nett.«

Dann rennt Fenris davon, mit langen, schlaksigen Beinen, und Emres Gedanken hinter ihm her, mit wehenden Fahnen und einem innigen Sehnen. Sie galoppieren am Ufer entlang, zu Fenris, zu Solvej, die hier am Strand sitzt und ihrem Sohn von ihm, Emre, erzählt hat. Ihn erwähnt hat. Zumindest hat sie ihn nicht verschwiegen.

»Oh Mann, Emre«, sagt er zu sich selbst. »Du bist ein hoffnungsloser Fall.«

Er kann nichts dagegen tun. Er wird warten. Wie so oft. Darauf, dass Solvej zu ihm kommt. Für kurz, für lang, für immer.

Krüger

Maja, Naked

Krüger

Das soll's also gewesen sein.

Ungefähr zehn Bier und einige Schnäpse später, er hatte aufgehört zu zählen und bei Mr B anschreiben lassen, stand er draußen vor der Bar und realisierte: Das war's wirklich. Er hatte keinen Job mehr.

Krüger rülpste. Dann torkelte er durch eine laue Juninacht zurück zu seiner Wohnung.

Er fiel in einen tiefen, traumlosen Schlaf, eigentlich wie immer, denn Schlafprobleme hatte Krüger nie gehabt. Nur den Wecker, den hatte er vorher ausgestellt.

Maja

»Ich brauch Sie morgen in dem Termin. Können Sie das einrichten?«

»Sicher.«

»Und bringen Sie einfach zwei, drei Folien dazu mit. Sie wissen schon, nehmen Sie ruhig die vom letzten Mal und ergänzen die Punkte, die wir heute besprochen haben. Nix Wildes.«

»Ja, sicher.«

»Prima, Maja. Sie sind die Beste.«

»Ich weiß.«

Ein Lachen. Dann verschwand das Gesicht ihres Chefs vom Display.

Sicher, sie war die Beste. Weil sie ihr Bestes gab. So funktionierte das Spiel nun mal. Und es lief ja nicht schlecht für sie.

Maja klappte den Laptop wieder auf, ignorierte das Klingeln ihres Handys und bastelte zwei, drei Folien. Eine vierte, zur Sicherheit.

Es war dunkel, als sie nach Hause fuhr. Sie ließ die laue Juninacht zum Fenster rein und die Musik durch ihr Auto schallen. So fühlten sich die guten Tage an.

Krüger

Der Wecker blieb auch in den nächsten Tagen stumm. Krüger schlief in den Tag. Wenn er gegen Mittag mit dem ersten Kaffee am Küchenfenster stand und Männer in Anzügen und Frauen in schicken Blusen die Straße auf und ab wandern sah, rauchend, redend oder in ein belegtes Brötchen beißend, hätte er am liebsten seinen Boss angerufen und ihn um seinen alten Job angebettelt.

Die Welt machte Mittagspause, und Krüger befand sich in einer Dauerpause. Nie war er sich nutzloser vorgekommen.

Er hatte gearbeitet, seit er sechzehn war. Angefangen auf dem Bau, dann in die Lehre und dann viele Jahre in dem kleinen Betrieb. Krüger war Schreiner, Maler, Installateur, ein handwerkliches Multitalent und immer einsetzbar. Wie konnte der Laden auf ihn verzichten? Das ergab keinen Sinn. Nicht für ihn.

Er kippte den Kaffee hinunter und packte ein paar Sachen zusammen. Es gab nur eines, was ihm immer mehr Freude bereitet hatte, als morgens zur Arbeit zu fahren.

Maja

»Ich hasse dich.«

Mit geschlossenen Augen tastete sie nach der Snooze-Taste.

Wenn sie ehrlich war: Sechs Uhr war keine Uhrzeit, sondern eine Zumutung. Jeden Morgen schwor sie sich, ihn wenigstens einmal eine Stunde später klingeln zu lassen, und manchmal ertappte sie sich bei dem Gedanken, wie es wäre, ihn einfach auszulassen. In den Tag zu schlafen. Tun und lassen, wonach ihr gerade der Sinn stand. Der erste Weckton war allerdings der erste Punkt auf Majas Agenda, der erste Punkt von vielen.

Der Wecker klingelte laut und eindringlich. Weckte sie aus Träumen, die nur Träume blieben, und im Lauf des Tages in Vergessenheit gerieten. Jeden Morgen aufs Neue. Nein, Maja hatte kein gutes Verhältnis zu ihrem Wecker.

Um 6.10 Uhr stand sie vor der Kaffeemaschine. Im Gegensatz zu ihr war die Welt um sie herum bereits hellwach. Vogelgezwitscher, Autos und Busse, die vor ihrem Fenster vorbeirauschten, im Nachbarhaus war Kindergeschrei zu hören. Die ersten Sonnenstrahlen krochen über die Dächer und auf Majas Küchenboden. Sie wärmten die Fliesen und versprachen einen heißen Tag.

Davon würde Maja nicht viel mitbekommen.

Krüger

Der Juni fing vielversprechend an, kein Regen in Sicht, die Temperaturen stabil, das Seewasser badewarm. Krüger fand seinen Platz an der Südseite, in dem Abschnitt, wo seit letztem Sommer der offizielle FKK-Bereich begann. Keine zwei Meter vom Ufer entfernt warf eine frisch gepflanzte Birke einen löchrigen Schatten für genau eine Person, nämlich für ihn. Dort breitete er seine Decke aus und deklarierte dieses schattige Plätzchen zu seinem idealen Stammplatz, den ihm niemand streitig machte. Denn Krügers neuer Tagesrhythmus erlaubte es ihm, am See zu liegen, wenn die Mehrheit der Bevölkerung einer Beschäftigung nachging.

Er gestand sich ein, dass es durchaus Vorteile hatte, unter der Woche Zeit zu haben. Er war der einzige Badende hier. Nur beim Kiosk saßen meist die Alten schon mit ihrem Bier auf ihrer Bank. Auch sie hatten einen unangefochtenen Stammplatz, um den Krüger gerne einen Bogen machte. Keinesfalls würde er so enden wie die. Er war noch fit und jung genug, mehr aus seiner Lebenszeit zu machen, als sie im Bierglas zu versenken. Krüger war so einer nicht, würde es auch nicht werden. Auch wenn er jetzt arbeitslos war.

Er faltete Shorts, T-Shirt und Socken zurück in seine Tasche und ließ sich nieder. Ein zartes Lüftchen wehte, und er spürte, wie sich Gänsehaut auf seinen Pobacken bildete. Krüger blieb, wo er war, genoss das leichte Frösteln und dämmerte unverhüllt losen Gedanken hinterher, die sich im strahlenden Sonnenschein so schnell wieder auflösten wie die Federwolken über ihm.

Keiner wusste von seiner »Arbeitsbefreiung aus betriebsbedingten Gründen«. Er hätte genauso gut Urlaub haben können, Urlaub ohne Ende. Eigentlich gar nicht schlecht.

Maja

»Wie ein Mozzarella«, dachte Maja und schob ihre blassen Wangen Richtung Ohren. Ihr Mund verzog sich zu einem grotesken Grinsen. »Sehr hübsch, Maja.«

Sie ließ ihr Gesicht los und betrachtete ihr Spiegelbild. Machten kurze Haare blasser? Jünger? Oder sah sie eher älter damit aus? Maja hatte sich noch nicht entschieden.

Es war eine spontane Entscheidung gewesen. Büschel um Büschel war von ihr abgefallen, und mit jedem Schnitt hatte Maja sich ein Stück leichter gefühlt.

»Eine Sommerfrisur«, hatte sie dem Friseur gesagt, der sichtlich betrübt und unwillig sein Werk an ihr vollbrachte. »Wächst nach.«

Dass dies eine Trennung für immer gewesen war, ging ihn nichts an. Es war Zeit für etwas Neues in ihrem Leben, und die Frisur war das Erste, was ihr eingefallen war, das sich umgehend verändern ließ.

Sie zog an den kurzen Strähnen und streckte ihrem Spiegelbild die Zunge raus. Sie hätte Lust, heute zu Hause zu bleiben, jemanden anzurufen, vielleicht Greta auf einen Kaffee zu treffen und sich die Sorgen über deren Ehe anzuhören, oder einfach allein in der Sonne zu sitzen und ihrem Gesicht ein bisschen Farbe zu gönnen.

Sie wusste, dass es so etwas wie eine Work-Life-Balance gab. Sie wusste, dass Freunde und Hobbys zum Leben dazugehörten, dass das Leben auch außerhalb ihres Büros stattfinden konnte. Sie wusste es, und gleichzeitig beschlich sie die Angst, aus dem Rennen geschubst zu werden, wenn sie langsamer werden würde. Sie hatte beste Aussichten auf die Beförderung zur Teamleiterin. Wenn sie die einmal in der Tasche hatte, würde sie sich wieder mehr um ihr Privatleben kümmern. Auf Karriereleitern gab es keine Rastplätze, nur Stufen, die es zu erklimmen galt, und Maja war schon verdammt weit oben, so weit, dass sie jetzt nicht anhalten konnte, so kurz vor der nächsten Stufe.

Außerdem: Der Sommer stand gerade erst in den Startlöchern. Gelegenheiten freizunehmen würde es noch genug geben, und das Wochenende war auch nicht fern.

Dann dachte sie an ihre Folien und den Termin, beeilte sich und war wie gewohnt vor allen anderen im Büro.

Krüger

Krüger fand schnell eine neue Routine, und die nannte sich »Nacktbaden, täglich«. Schon bald war Krüger, »der Krüger«. Man kannte ihn.

FKK war kein Tabu, weder für ihn noch für die Seebesucher. Hier mischte sich alt und jung, faltig und sehnig, männlich und weiblich. Krüger hatte kein Problem mit dem Nacktsein. Er fand sich selbst ansehnlich genug, um sich nicht zu schämen. Er war Handwerker – gewesen –, sein Körper kannte harte Arbeit, seine Muskeln zeugten davon. Er wurde schnell braun und konnte von sich behaupten, zu den Gutaussehenden zu gehören, auch wenn es *selbstverständlich* eine solche Zuordnung nicht gab. Alle waren sie hier gleich, gleich nackt.

Man nickte sich zu, unterhielt sich hier und da über das Wetter und die hervorragende Wasserqualität.

Er starrte auch den Frauen nicht hinterher. Das gehörte sich nicht. Ein unauffälliges Blinzeln auf ein weibliches Hinterteil vielleicht, wenn er auf seinem Handtuch lag und vermeintlich den Himmel nach Wolken absuchte. Krüger mochte die Üppigen ganz gern.

Maja

»Sie sind ein bisschen blass um die Nase. Alles in Ordnung?« Ihr Chef machte ein besorgtes Gesicht.

Maja fühlte sich schlapp, aber gut. »Alles in Ordnung. Lief doch gut eben, oder?«

Die Kunden hatten Interesse gezeigt.

»Ja, lief gut. Wir dürfen aber jetzt nicht nachlassen. Noch haben sie nicht unterschrieben.«

Majas Magen knurrte.

»Lassen Sie uns doch eben mittagessen. Ich höre, Sie können was zu essen vertragen. Dann überlegen wir dort, wie wir weitermachen.«

Und Maja machte weiter. Der Sommer machte weiter.

Nur ein paar Gewitterwolken drückten sich beleidigt vor ihrem Bürofenster herum und hinterließen hin und wieder ein paar Tropfen auf heißem Stein.

Krüger

Nach zwei Wochen flatterte ein Brief ins Haus. Krüger kam vom See, die Haare noch feucht, die Laune gehoben. Er freute sich auf ein Bier auf dem Balkon.

Es war ein Umschlag aus umweltfreundlichem Papier, von der bedrohlich dunklen Papiersorte, wie nur Behörden sie verwendeten. Auch die Adresse war in Schreibmaschinenschrift gedruckt. Das konnte nichts Gutes bedeuten. Er riss den Umschlag auf und überflog das unpersönliche Schreiben:

»14. Juli. In Zimmer 425, Gebäude A. Bitte erscheinen Sie pünktlich, und bringen Sie die beiliegenden Unterlagen vollständig ausgefüllt mit zum Gespräch.

Dr. Hellwig«

»Dr. Hellwig lädt zum Tee«, dachte Krüger. »Damit sind die Ferien wohl vorbei.«

Krüger warf den Brief auf die Kommode. Die Lust auf einen entspannten Sommerabend bei sich zu Hause war ihm vergangen. Mr B und sein Deckel riefen nach ihm.

Im Morgengrauen, als der Schlüssel endlich zum Türschloss fand, lag der Brief immer noch dort. Genervt ließ sich Krüger aufs Bett fallen. Noch fünf Tage in Freiheit. Die wollten genutzt werden. Mit diesem Gedanken schlief er ein.

Maja

An einem besonders warmen Tag Ende Juni überraschte die Sehnsucht Maja. Ein Song im Radio, der feuerrote Himmel, die warme Luft auf ihren nackten Unterarmen verursachten ein starkes Ziehen im gesamten Brustkorb. Sie setzte den Blinker und folgte dem Schild zum Parkplatz.

Wie oft war sie hier schon vorbeigefahren, wie oft hatte sie sich gesagt, dass sie nach der Arbeit hier halten würde, wie oft hatte sie daran gedacht und es doch nicht getan?

Sie stieg aus dem Auto und folgte dem kleinen Weg zu den Liegewiesen. Vor ihr breitete sich der Baggersee im Abendlicht aus. Ein paar Enten zogen quer darüber. Es war niemand mehr da, nur Maja und ihre unerhörte Sehnsucht.

Links von ihr zeigte ein weiteres Schild zu einer FKK-Zone. Es sah neu aus.

Sie liebte das Nacktbaden. Immer schon. Es gab ein bestimmtes Bild von ihr: Strand, Meer, eine zappelnde Maja zwischen ihren Eltern, alle drei nackig, alle drei lachend. Sie erinnerte sich an den einzigartigen Moment, als das erfrischende Salzwasser an ihrem Körper entlangspülte. Seit Jahren hatte sie das Meer nicht mehr gesehen.

Immerhin gab es diesen See, der auf dem Weg zu ihrem Büro lag.

»Morgen komme ich zum Baden wieder, versprochen.«

Die Sehnsucht nickte zufrieden und gab ein bisschen nach, sodass Maja wieder freier atmen konnte.

Krüger
»Das hier ist kein Spaß, Herr Krüger.«

Krüger setzte sich aufrecht hin, als Frau Dr. Hellwig einen strengeren Ton anschlug.

»Sie sind ab sofort bei uns arbeitssuchend gemeldet. Das bedeutet, Sie sind verpflichtet, Nachweise zu liefern, dass Sie aktiv Arbeit *suchen*. Wir sind nicht die Wohlfahrt. Wir helfen Ihnen, wieder Arbeit zu finden.«

»Jawohl«, antwortete Krüger brav. Blöde Tussi.

»Gut. Dann legen Sie los. Wir schicken Ihnen Vorschläge. Schauen Sie regelmäßig in das Online-Portal und in Ihren Briefkasten. Beim nächsten Gespräch möchte ich eine Liste sehen, wo Sie sich beworben haben und was daraus geworden ist. Verstanden?«

Was war er? Ein verblödeter Assi, dem man die Welt erklären musste? Krüger wurde sauer.

»Hören Sie, Frau Hellwig, verzeihen Sie, Frau *Dr.* Hellwig. Ich bin nicht blöd. Mir wurde gekündigt. Ich bin hier nicht der Böse, okay? Ich bin Opfer, nicht Täter.«

Ein Lächeln zuckte über ihre schmalen Lippen und durchbrach den geraden Strich für eine winzige Sekunde, bevor die Humorlosigkeit ihn wieder zusammenzog.

»Sicher. Sie sind alle immer nur Opfer. Dann ändern Sie das. Wenn Sie keine Fragen mehr haben, ist das Gespräch beendet. Ein neuer Termin folgt.«

»Tss«, kam es Krüger über die Lippen. Er stand auf.

»Herr Krüger?« Frau Dr. Hellwig saß noch immer in derselben Position.

»Ja?«

»Ziehen Sie sich vielleicht beim nächsten Mal etwas Ordentliches an. Wir sind die Agentur für Arbeit, ihr Geldgeber für die nächsten Wochen, und nicht die Beach-Bar.«

Zack. Die Frau hatte ganz klar einen an der Klatsche.

»Wiedersehen.« Krüger knallte die Tür zu.

»Wir sind nicht die Beach-Bar«, äffte er seine Geldgeberin nach.

Es waren annähernd fünfunddreißig Grad draußen, es sah gefährlich nach Gewitter aus, und die blöde Kuh wollte, dass er in Anzug und Krawatte in diesem angestaubten Albtraum aus Klinker und Linoleum auftrat? Was war das für eine Behörde, die einen behandelte, als wäre man kriminell und nicht arbeitslos geworden?

Er musste hier raus. Er musste zum See. Dieses Mal würde er sich bei Emre und den Alten ein Bier genehmigen. Seine Flipflops quietschten wütend durch die Flure, bis er endlich die Tür nach draußen aufstieß.

Maja

Majas Absätze klackten energisch über den Flur und hallten hinter ihr her.

»Ich bin für heute raus, keine Anrufe mehr, bitte. Morgen wieder«, sagte sie Nele im Vorbeigehen.

Nele sah ihr nach. Maja hatte eine Tasche dabei, mit großen Palmen darauf. Es sah aus, als ob sie an den Strand fahren würde.

Krüger

»Danke, Mann.«

Krüger schnappte sich zwei Flaschen, eine für jetzt sofort, eine als Reserve, und stapfte zum FKK-Bereich zurück, vorbei an dem verrückten Schriftsteller, vorbei an den Alten und an zwei händchenhaltenden Teenies, die verträumt an ihrem Wassereis lutschten.

Er zog seine Badehose aus und genoss die textile Freiheit. Es hatte tatsächlich etwas Befreiendes, seine Kleidung abzulegen nach diesem Besuch bei Frau Dr. Hellwig. Er nahm einen kräftigen Schluck, noch einen und noch einen weiteren. Die Flüssigkeit erfrischte ihn von innen. Dann sprang er ins Wasser, und der See tat sein Übriges.

Krüger zog ein paar Bahnen und ließ das kühlende Nass an seinem Körper entlanggleiten. Die Sonne hing schräg über dem See, das Licht wurde weniger, die Schatten länger. Am Horizont drängte sich ein Gewitter vorbei, das sich woanders, nicht hier, entladen würde. Noch zwei Bahnen, dann das zweite Bier. Perfekte Feierabendstimmung. Er würde jetzt nicht an die Liste denken, an die Bewerbungen oder an die Hellwig.

Maja

Endlich! Maja parkte, stieg aus, zog ihre Schuhe aus und ging vorsichtig über den Asphalt. Kleine Steinchen piksten in ihre Fußsohlen, die lange keinen unbeschuhten Kontakt zum Boden gehabt hatten. Maja konnte das Seewasser schon riechen.

Ihr Chef hatte sie zu sich gerufen. Er war kurz angebunden gewesen, hatte wenig Zeit und noch weniger Verständnis für Majas letzte Entwürfe gehabt, die sie dem Kunden präsentieren wollte. Er hatte ihr Konzept auf den Kopf gestellt und eine neue Lösung verlangt.

»So viel Neues verkraftet der Kunde nicht. Bauen Sie auf Bestehendes. Veränderungen machen Angst. Das müssten Sie doch eigentlich wissen, nach all den Jahren hier.«

Nach all den Jahren hier müsste er auch wissen, dass Maja ihre Kunden am besten kannte und daher auch die beste Lösung anbieten konnte. Wut hatte hinter den Rippen gehämmert. Jetzt bloß nicht nachgeben.

»Ich habe mit dem Projektleiter bereits gesprochen. Er fand meine Idee ziemlich gut.«

»Und ich sage Ihnen: Das wird nichts. Wenn Sie damit reingehen, war's das – und ich muss meinen Kopf hinhalten. Nein, Maja.«

»Aber …«

»Ich habe jetzt einen Termin. Bitte schicken Sie mir morgen neue Vorschläge.«

Morgen. Neu. Es war siebzehn Uhr. Es war ungerecht.

Als Maja wieder an ihrem Schreibtisch gesessen hatte, war eine lähmende Leere in ihren Kopf eingezogen. Sätze, Ideen, Gedanken, alles, was sonst verlässlich und routiniert dort oben herumwirbelte und zu einem brauchbaren Konzept auf Papier gemacht werden konnte – all das war ausgelöscht gewesen. Sie hatte wirklich versucht, sich zu konzentrieren, aber nichts mehr gefunden, außer dieser neuen Leere und einer tiefen Müdigkeit.

Morgen. Neu.

So fühlten sich die schlechten Tage an. Davon gab es einige …

Sie hatte ihren Laptop zugeklappt und sich bei Nele am Empfang verabschiedet. Es gab jetzt nichts mehr, was sie aufhalten würde.

Und da stand sie nun. Die Sonne hing schon tief am Himmel, aber der Abend würde warm bleiben. Sie ging zum Kiosk und bestellte sich eine Weinschorle.

Krüger

Langsam trottete er aus dem Wasser. Er trocknete sich nicht ab, sondern ließ die restlichen Sonnenstrahlen ihre Arbeit an den Wassertropfen verrichten. Er saß auf seinem Handtuch und sah der Sonne beim Untergehen zu und den Tropfen auf seiner Haut beim Verdunsten.

Maja
Der Wein half. Ein angenehmes Prickeln strömte durch ihren Körper. Sie ging zum FKK-Bereich. Knöpfte die Bluse auf. Zog ihren Rock aus. Schälte die Nylonstrümpfe von ihren winterweißen Beinen. BH, Slip, alles geordnet auf einen Stapel.

Nackte Füße im Gras, die erste Berührung mit dem Wasser. Es wand sich um ihre Knöchel und lockte mit weiterer Erfrischung. Sie rutschte über die Kiesel, trat in den Schlick, machte einen kleinen Satz und tauchte kopfüber unter.

Warum hatte sie das nicht schon viel früher getan? Maja spürte, wie etwas von ihr abfiel. Sie zappelte wieder wie das kleine Kind, das sie einmal gewesen war und das die Welt als etwas angesehen hatte, das es zu erobern galt.

Das Wasser schäumte und bildete feine Blasen um sie herum, die an ihren Oberschenkeln und Rücken nach oben zogen wie in einem Whirlpool.

Müsste sie nicht eigentlich noch im Büro die Entwürfe überarbeiten? Das schlechte Gewissen kreuzte plötzlich den Genuss: Normalerweise würde sie jetzt noch … Sollte sie nicht doch noch kurz ihr Handy prüfen? Sollte sie nicht. Aber wie brachte man seinen Gedanken bei, dass sie auf einmal loslassen durften, wenn sie seit Jahren dem gleichen Muster gefolgt waren?

»Ablenken, Maja, lenk sie ab.«

Maja drehte sich auf den Bauch und zog die erste Bahn in langen, ausgedehnten Zügen.

Krüger
Jemand schwamm in sein Sichtfeld. Mit kurzen Haaren, die sich im Gegenlicht eher struppig abzeichneten. Ein Mann? Nein, die Bewegung war zu anmutig, der Hals so schlank, wie ihn nur zarte Frauen hatten. Ihr Kopf wurde von der untergehenden Sonne angestrahlt. »Ein Leuchtfeuer«, dachte Krüger. Er konnte den Blick nicht von der Schwimmerin lassen. Hatte er sie hier schon mal gesehen?

Maja
Sie wusste nicht, wie lange sie so hin und her geschwommen war. Ihr Herz klopfte energisch und erinnerte sie daran, dass es aus der Übung war. Es stolperte und verlangsamte die Versorgung ihrer Gliedmaßen. Maja wollte im Wasser bleiben, das sie so schön umschloss und von dem fernhielt, was in ihrer Tasche, auf ihrem Laptop auf sie wartete.

Als Arme und Beine schwer wurden, ging Maja an Land.

Krüger
Das Wasser glitt an ihr herab und entblößte ein glattes, etwas kantiges Schlüsselbein, weiße Brüste, die so klein waren, dass sie nicht hingen, sondern abstanden und sich kaum mitbewegten. Eine schmale Taille, schlanke, aber muskulöse Beine – »wie ein Gemälde«, dachte Krüger –, ihr Körper, blass, zart, gegen das kräftige Orange-Rot-Rosa des Abendhimmels.

Aus den Augenwinkeln beobachtete er, wie sie sich in ihr Handtuch wickelte und die Haare schüttelte. Wasser spritzte aus der Stoppelfrisur. Sie war absolut nicht sein Typ.

Krüger stand in Flammen.

Maja
Sie wickelte sich in ihr Handtuch und stand noch eine Weile mit dem Gesicht zum Sonnenuntergang. Ihr fiel auf, dass die Sonne es auf einmal eilig zu haben schien, sobald sie den Horizont berührte. Es dauerte nicht lange, da blieb nur noch ein rosa Schweif am Himmel, ein letzter Gruß des Feuerballs.

Jetzt war Maja bereit, in ihre Wohnung zurückzukehren, noch einen Wein zu trinken und vielleicht, aber nur vielleicht, einen Gedanken an »Morgen« und an »Neu« zu verschwenden.

Krüger
Sie packte ihre Sachen zusammen. Sie würde gehen, und er hätte jede Chance, sie wiederzusehen, vertan.

Sie ansprechen? Was sollte er sagen?

Außerdem war er nackt.

Er lachte. Natürlich war er nackt.

Ob er sich schnell ein Handtuch umwerfen sollte und zu ihr rübergehen … Wäre er dann ein Spanner? Was würde sie denken, wenn ein wildfremder Mann sie am FKK-Strand ansprach?

Sie schaute auf. Krüger schaute weg. Er kramte in seiner Tasche, suchte etwas, das er eigentlich nicht suchte, außer vielleicht nach den richtigen Worten, aber die fand er hier auch nicht, und als er wieder aufblickte, war sie weg.

Maja
Sie trank an diesem Abend mehr als ein Glas. Die Gedanken, einmal losgelassen, ließen sich nicht wieder einfangen. Es kam nichts Sinnvolles heraus, was sie am nächsten Tag ihrem Chef präsentieren konnte. Sie hatte alles in dieses eine Konzept gesteckt, von dem sie überzeugt war. Alles Neue erschien ihr halbseiden und unausgegoren. Sie verfluchte sich, dass sie sich so

hatte gehen lassen, sich nicht mit mehr Konzentration an ihre Arbeit gesetzt hatte.

Maja gab auf. Es war weit nach Mitternacht, die Flasche fast leer. Morgen würde sie wieder zu ihrer alten und verlässlichen Routine zurückfinden. Sie fiel in einen traumlosen Schlaf.

Krüger

Krüger hoffte auf morgen. Vielleicht würde sie wiederkommen? Es schien ihr am See gefallen zu haben, so, wie sie dort gestanden hatte, so selbstvergessen.

Er schlief schlecht und träumte von Frauen mit feuerrotem Haar, die ihn auslachten.

Maja

Mit einem Schreck fuhr Maja hoch. Hatte sie den Wecker überhört? Sie war spät dran, viel zu spät.

Wahllos kramte sie Bluse und Rock aus dem Schrank, versuchte, ihren verkaterten Gesichtsausdruck mit Mascara und Lidschatten zu überschminken, und fuhr ins Büro.

Sie bastelte ein, zwei Folien. Baute aus Bisherigem ein paar Erweiterungen, machte die Folien hübsch, baute ein paar Bilder und Skizzen ein, die davon ablenken sollten, dass dieser Vorschlag eigentlich ein alter und völlig unoriginell war.

Ihr Chef war begeistert. »Ich wusste doch, dass Sie mich nicht enttäuschen würden.«

Maja nickte.

Sie wusste nicht, wohin mit sich. Was sie abgeliefert hatte, war nicht ihre Idee gewesen, nicht aus ihrer Überzeugung entstanden. Hatte man sie nicht für ihren konzeptionellen Mut und für ihr Mitdenken eingestellt? Hatten nicht ihre Ideen, die die Kunden überraschten, sie bis hierhin geführt? Oder gehörte sie doch nur zu der Sorte Mitarbeiter, die die Wünsche der Chefetage auf Papier brachten?

Etwas war passiert, als sie gestern spontan ihre Klamotten hinter sich gelassen hatte und in den See gesprungen war. Sie musste herausfinden, was.

Den Rest des Tages beantwortete sie ein paar Mails, bearbeitete ihre Ablage und machte pünktlich Schluss.

Erst am Kiosk, barfuß und in eine Tunika eingewickelt, spürte Maja wieder einen Funken Lebendigkeit in sich.

Krüger

Der Tag verging zu langsam.

Weil er nicht wusste, ob sie vielleicht auch eine Morgenschwimmerin war, harrte er seit sieben Uhr am See aus. Er probierte die bescheidene Speisekarte des Kiosks von oben nach unten durch, ging spazieren und versuchte, eine Zeitung zu lesen. Er unterhielt sich mit einer Hundebesitzerin über das Apportieren von Stöcken und nickte sogar dem Verrückten zu, als dieser ihm im Vorbeigehen zugemurmelt hatte: »Die Wartenden werden entlohnt.« Keine Ahnung, wer der Typ war, es hieß, er sei ein berühmter Autor, der sich aus der Welt zurückgezogen hätte für sein neues Werk. Es war Krüger herzlich egal. So floss Stunde um Stunde vorüber …

Wieder zog ein Gewitter heran und überlegte es sich auf halber Strecke anders. Krüger dankte dem Himmel und wurde gegen Nachmittag immer unruhiger. Die ersten Feierabendgäste erschienen.

Sie kam. Sogar früher als gestern.

Sie ging zuerst zum Kiosk. Das war seine Chance. Er schwang sich in seine Shorts und eilte in die gleiche Richtung. Dabei bemühte er sich um ausreichend Abstand zu ihr und mäßigte immer wieder sein Tempo. Es sollte zufällig aussehen, nicht hastig herbeigeeilt.

Er stellte sich hinter sie in die Bestellschlange. Sie hatte wirklich kurzes Haar. Und es war gar nicht so rot, wie es gestern von Weitem ausgesehen hatte. Eher rotblond. Der gestutzte Hinterkopf erlaubte einen freien Blick auf einen langen Nacken mit einem Muttermal hinter dem linken Ohr. Ein zartes Goldkettchen legte sich um ihren Hals. Feine, helle Härchen auf weißer Haut. Krüger hätte sie gern berührt.

Maja

Hinter ihr stand ein Mann. Die Alten mit ihrem Stammbier winkten ihm zu, man kannte ihn scheinbar hier.

»Na, Krüger, auch wieder hier?«

»Ist doch offensichtlich«, dachte Maja und rollte mit den Augen.

Der, den sie Krüger nannten, winkte zurück und schaute sie kurz an. Maja bestellte ihre Weinschorle. Im Vorbeigehen trafen sich ihre Blicke wieder. Er lächelte kurz und sah aus, als wollte er ihr etwas sagen.

Bloß kein Small Talk jetzt. Sie beeilte sich, einen Platz zu suchen.

Krüger

Krüger sah der Frau nach. Sie setzte sich an den äußersten Tisch auf der Terrasse und starrte auf den See. Sie wollte nicht gestört werden, Krüger hatte das schon begriffen. Aber trotzdem … Sie zog ihn einfach an. Er kam sich vor wie eine Mücke, die Blut gerochen hatte. Er musste zu ihr gehen.

Und dann entschied das Glück, Krüger eine Chance zu geben: Sie hatte ihr Portemonnaie auf der Theke liegen lassen. Krüger hätte jauchzen können.

»Hey, Emre. Ein Gezapftes, bitte. Das Portemonnaie hier …«

»Das hat die Dame vor dir liegen lassen.«

»Ich bring's ihr.«

»Danke, Krüger. Echter Gentleman, was?«

Krüger schnappte sich das Ding, nahm sein Bier und steuerte auf ihren Platz zu.

»Gentleman, Krüger, verhalt dich jetzt wie ein Gentleman.«

Wie verhielt sich ein Gentleman?

Maja

»Verzeihen Sie. Aber das haben Sie liegen lassen.«

Maja riss sich aus ihren Gedanken. Da stand er wieder, der Typ, der Krüger hieß, mit ihrem Portemonnaie in der Hand.

»Oh.«

Er hielt es ihr hin.

Krüger

Was jetzt?

»Sag was, Mann, lass dir was einfallen!«

Krüger wurde nervös. Er stemmte eine Hand in die Hüfte, seine Zehen wippten in den Flipflops.

Er hätte etwas Neutrales, Unverbindliches sagen können, etwas über das lang anhaltende Sommerwetter zurzeit, über die Wasserqualität. Aber ein Impuls riet ihm, dass diese Frau nicht auf Small Talk stand. Die Zeit drängte. Sekunden strichen dahin, und so sagte Krüger das, was er die ganze Zeit schon dachte: »Tolle Haare übrigens.«

Tolle Haare? Oh Mann, was Intelligenteres war ihm nicht eingefallen. Sein Hirn lief auf Hochtouren und produzierte doch nur Brösel. Er hatte seine Lässigkeit abgelegt und stand wie ein Schuljunge vor seiner schönen Klassenlehrerin.

Maja
Maja lachte. Laut. Da stand dieser Mann, unbekannt, irgendwie hippelig, und wollte besonders lässig wirken. Und dann dieser Spruch.

»Danke.«

Sie fuhr sich durch die Haare. Plötzlich fiel ihr auf, dass noch niemand sie auf ihren neuen Haarschnitt angesprochen hatte. Geschweige denn, ihn gut gefunden. Der Fremde war der Erste. Und ihm gefiel das, was er sah.

»Das war ein großer Schritt für mich. Die waren vorher richtig lang, wissen Sie?«, hörte sie sich sagen.

Krüger
Er fasste allen Mut zusammen: »Dann sollten wir darauf anstoßen. Auf den großen Schritt – oder Schnitt, haha, was meinen Sie?«

Wenn er nicht unbedingt mit dieser Frau hier hätte sitzen wollen, er wäre vor Scham im Boden versunken.

»Lass es sein, Krüger, versuch bitte nicht, witzig zu sein.«

Maja
Das war eine Anmache. Maja hätte normalerweise dankend abgelehnt. Aber hier, an diesem See, liefen die Dinge anders. Intuition oder die schlichte Spontaneität nahmen das Ruder in die Hand, die Majas Pläne torpedierten und sie aus ihrer Routine schleuderten.

Morgen würde sie es bereuen, aber heute, in diesem Augenblick, hatte sie Lust, mit dem Mann anzustoßen. Er war witzig. Mit so einem zu plaudern, der nichts mit ihrer Arbeit, ihren Sorgen, ihrer Welt zu tun hatte, erschien ihr genau richtig. Sie fand ihn sympathisch.

»Okay. Nehmen Sie Platz.« Sie hielt ihr Glas in die Höhe. »Ich bin übrigens Maja.«

Krüger

Maja. Kein Name hätte besser gepasst. Fast hätte Krüger vergessen, sich zu setzen.

»Freut mich, Maja.«

Das späte Abendlicht schien in ihr Gesicht und zauberte einen zarten Schimmer auf ihre Wangen.

»Du bist Krüger?«

»Der bin ich.«

»Danke noch mal. Ich war so in Gedanken und vergesse mein halbes Leben an der Theke.«

»Und ich hab's gefunden, dein halbes Leben, und zu dir zurückgebracht.« Krüger lächelte vorsichtig.

»Dafür lade ich den Überbringer auf das nächste Getränk ein, einverstanden?«

Krüger war mehr als einverstanden.

Maja

Maja erzählte ihm, dass sie am Vortag zum ersten Mal hier gewesen war. Dass die Arbeit sie bisher abgehalten habe, hierherzukommen, dass es nicht zusammenpasse, erfolgreich zu sein und das Ziel aus den Augen zu lassen, indem man dem nachgab, worauf man gerade Lust hatte. Dass sie es gestern trotzdem getan habe, nachzugeben. Sie erzählte dem Fremden von dem Gefühl, wieder wie ein Kind zu sein.

»Ich liebe es, nackt zu baden. Immer schon.«

Der Wein lockerte ihre Zunge. Auf einmal war sie sich bewusst, dass sie das Wort »nackt« ausgesprochen hatte, vor einem wildfremden Mann, der jetzt womöglich weitere Assoziationen …

»Ich auch«, platzte er in ihre Sorge und weichte diese mit einem Lachen auf. »Nichts mehr auf der Welt. Ich will so oft wie möglich Kind sein.«

Sie lachten.

Krüger

Das fing doch gut an.

Maja ließ ihn an ihrem Berufsleben teilhaben. Sie schien erfolgreich zu sein, in dem, was sie tat. Er fragte nicht viel, hörte zu und merkte, dass er seine eigene Arbeit vermisste. Er war auch erfolgreich gewesen. Er hatte den Ruf eines fähigen Mitarbeiters gehabt, der mit den meisten Aufträgen.

Was soll's. Jetzt saß er hier, mit Maja. Sein Warten auf sie hatte sich gelohnt. Wie der komische Typ prophezeit hatte.

Alles war möglich. Und er sah Maja gern dabei zu, wie sie einen Teil ihres Lebens vor ihm ausmalte, in großen Schwüngen und bunten Farben.

Maja

»Und was machst du so, wenn du nicht gerade hier bist?«

Krüger zuckte zusammen.

»Nicht so viel. Hab frei.«

»Oh, ein Traum. Freihaben.«

Maja lehnte sich zurück und stellte sich vor, wie sie morgen ihren Urlaubsantrag einreichen würde. Zwei Wochen am besten oder gleich drei? Überstundenabbau, Urlaub aus dem letzten Jahr, da kam einiges an freier Zeit zusammen. Sie sich zurückzuholen, das war ihr bis jetzt nicht in den Sinn gekommen. Wäre sie damit so weit gekommen, auf ihren Stufen, die so verlässlich nach oben führten? Trotzdem: Sie beneidete Krüger.

Krüger
War das nun gelogen? Sollte er ihr erzählen, dass er arbeitslos war? Dass er Bewerbungen schrieb, die er nicht abschickte?

Er fühlte, wie die Unsicherheit sich breitmachte. Was würde sie von ihm halten? Schürte Arbeitslosigkeit Mitleid oder eher Ablehnung? Beides wollte er von Maja nicht bekommen.

Auf der anderen Seite, dachte er, kannten sie sich gar nicht richtig. Er musste ihr gar nichts sagen. Vielleicht später, wenn aus dem Abend einmal mehr werden sollte …

Krüger lehnte sich zurück und sah sich mit Maja auf einer Bank sitzen, die Hände ineinander verschlungen, ihre Haare mit grauen Strähnen durchzogen. »Später« klang gut.

Maja
»Ich würde jetzt noch eine Runde schwimmen wollen.« Überschwänglich, leicht beschwipst und federleicht hüpften ihr die Worte nach dem zweiten Glas über die Lippen.

»Na klar. Ich auch. Wenn's okay ist, begleite ich dich eine Runde?«

»Lass uns gehen.«

Sie legten die Kleidungsstücke ab. Maja drehte sich zu Krüger, der in seiner Tasche wühlte. Sie nutzte den Moment, sprang in den See und war froh, dass er sie so nicht gesehen hatte und das Wasser sie bedeckte.

Krüger kam ans Wasser. Er war gut gebaut, ja, er sah gut aus. Und dass er frei hatte, sah man an der Bräune, einer nahtlosen Sommerbräune. Maja tauchte ab in das schützende Wasser. Wie nackt man sich auf einmal fühlen konnte, wenn man wirklich gesehen wurde.

Krüger schloss zu ihr auf, und gemeinsam zogen sie ihre Bahnen.

Maja und Krüger

Sie trafen sich regelmäßig. Maja kam jeden zweiten Abend an den See. Sie wirkte jedes Mal etwas abgehetzt, sagte aber, es sei alles okay, und konnte es kaum erwarten, ins Wasser einzutauchen.

Krüger konnte es kaum erwarten, ihr dabei zuzusehen.

Seine Tage wurden wieder lang. Besonders die, an denen Maja abends nicht zu ihrem Treffpunkt kommen konnte. Dafür fieberte er den Wochenenden entgegen. Den Freitagabenden konnten sie ein paar weitere Stündchen klauen, wenn Majas Wecker samstags schweigen durfte. Dann kamen die Samstage hinzu.

An einem Samstagabend blieben sie besonders lang. Es war bereits dunkel. Der Kiosk geschlossen. Ein paar Teenager lümmelten am anderen Ufer und rauchten und hörten Musik. Bässe waberten zu ihnen rüber.

Maja saß neben Krüger, Schulter an Schulter. Sie schwiegen. Die Worte hingen zwischen ihnen in der Luft und wollten ausgesprochen werden. Es war nur eine Frage der Zeit.

In das wartende Schweigen tastete Maja sich vor: »Wollen wir gehen?«

Er konnte Majas Lächeln im Dunkeln sehen. Ihre Zähne blitzten. Er wollte sie küssen. Und berühren. Und er spürte, dass Maja das auch wollte.

»Komm doch mit zu mir.« Er hielt die Luft an.

Sie rührten sich beide nicht.

Maja erhob sich als Erste und stand über ihm. Sie hielt ihm die Hand hin. »Worauf wartest du noch?«

Krüger sprang auf.

Krüger

Maja war stürmisch und lustvoll. Krüger genoss ihre Hingabe. Er beobachtete sie, ihren leicht geöffneten Mund, den gewölbten Oberkörper, wie er sich ihm entgegenbäumte. Seine Hände hielten sie, fuhren ihren langen Hals entlang, umkreisten ihre Brüste und fuhren durch ihre Haare. Wieder und wieder. Kurz fiel ihm das Bild wieder ein, als er sie zum ersten Mal am See gesehen hatte. Das Bild der nackten Maja, wie sie aus dem Wasser und in sein Leben getreten war.

»Du bist eine schöne Frau, Maja.«

»He, wirst du romantisch?«

»Mit den schönsten Haaren.«

Sie lagen ineinander verschlungen, bis der Morgen graute. Sie liebten sich noch einmal.

»Verrätst du mir deinen Vornamen?«

»Ben.«

»Ben? Ben Krüger?«

Maja schmunzelte.

Fand sie das lustig? Seinen Vornamen?

»Halt mich mal, Ben Krüger.«

Er tauchte sein Gesicht in ihre Haare und blieb neben ihr liegen. Mehr wollte er nicht. Krüger hatte sich verliebt. Und alles andere konnte ihn mal.

Maja

Sie spürte seine Hände gerne auf ihrer Haut. Aber ein bisschen sah es so aus, als wäre er mehr in ihre Haare verliebt als in den Rest von ihr.

Als sie aufwachte und seine Augen sie bereits hellwach musterten, kribbelte es in ihrem Bauch.

»Guten Morgen.«

»Guten Morgen.«

Er küsste ihre Schulterspitze. »Kaffee?«

»Hmmm, jaaa.« Maja räkelte sich. Sonntag. Ein freier Tag lag vor ihr, und Ben neben ihr.

Krüger schälte sich aus den Laken und ging in die Küche. Maja schaute sich um. Es war eine kleine Wohnung, das Schlafzimmer spartanisch, aber gemütlich. Sie fragte sich, womit Ben seinen Lebensunterhalt bestritt. Sie hatte ihn nicht gefragt, und er hatte nie von seiner Arbeit erzählt.

Sie stand auf, zog sein T-Shirt an und gesellte sich zu ihm in die Küche. Krüger kochte Kaffee. Draußen klopfte der Sommer an die Fenster. Es wurde friedlich in ihr. Alles andere war für einen Moment vergessen.

Krüger

Als er die Tür hinter Maja schloss, musste Krüger sich erst mal beruhigen. Er wusste nicht, was er mit sich anstellen sollte. Seine Wohnung beherbergte auf einmal große Löcher. Das Kissen auf dem Sofa hatte noch einen Knick, wo ihr Arm gelegen hatte, auf dem Stuhl in der Küche, wo sie eben noch einen Toast geknabbert, und im Türrahmen, wo sie in seinem T-Shirt gestanden hatte, die Haare in alle Richtungen. Viele Löcher, die Maja hinterlassen hatte und die Krüger nicht bereit war, zu schließen, weil sie ihn an die letzten Stunden erinnerten. Sie verbreiteten aber auch eine große Unruhe. Er würde Maja frühestens morgen Abend am See wiedersehen. Bis dahin galt es, Zeit zu überbrücken.

Im Arbeitszimmer hatte Maja keine Lücke hinterlassen. Hier lungerten Pflichten, die Krüger vernachlässigt hatte und die ihn nun übel gelaunt empfingen.

In Form von weiteren Schreiben der Arbeitsagentur. In Form von E-Mail-Eingängen im Online-Portal. In Form von angefangenen Lebensläufen, die nicht an seinem Verlangen nach Maja interessiert waren.

Zwei Stellenangebote hatten sie ihm geschickt und den Termin für den nächsten Antrittsbesuch bei der Hellwig in einer Woche. In einer Woche musste er etwas vorweisen. Verdammte Arbeitslosigkeit!

Der Urlaub brauchte ein Ende. An diesem Ende sollte sein nächster Job stehen, eine regelmäßige Tätigkeit, die ihn von Typen wie der Hellwig fernhielten. Alles andere widersprach dem Konzept »Urlaub«. Wenn er ehrlich war, wollte er ja auch arbeiten, etwas tun, gebraucht werden, Kollegen auf die Schultern klopfen, abends erschöpft, aber zufrieden nach Hause kommen. In weniger als einem halben Jahr kam die nächste Abstufung in die Langzeitarbeitslosigkeit. Und was kam dann?

Er hatte Maja immer noch nichts davon erzählt. Er wollte vor ihr nicht wie ein nutzloser Schmarotzer erscheinen, der nichts konnte, außer nackt am See zu liegen. Er könnte ihre Enttäuschung über die schlechte Partie, die sie mit ihm gemacht hatte, nicht ertragen.

Er sah sich eine Stellenausschreibung genauer an. Den Betrieb kannte er. Den Chef hatte er sogar schon bei Mr B gesehen.

Er schob Maja in seinen Gedanken beiseite und öffnete seinen Bewerbungsordner.

Wie sah ein Lebenslauf aus, der Interesse weckte? Wie schrieb man ein Anschreiben, das seine Person und seine Fähigkeiten in ordentlichen Sätzen ausdrückte? Er hatte keine Ahnung vom Umgang mit Wörtern. Er hatte auch noch nie über sich selbst schreiben müssen. Wie fing man damit an?

Vielleicht konnte Frau Oberschlau von der Agentur ja mal ein bisschen mehr tun, als ihn an seine Pflichten zu erinnern, und ihm einen Tipp geben, wie er seine Unterlagen auf Vordermann bringen konnte. Es war ja wohl auch in ihrem Interesse, ihn loszuwerden.

Krüger nahm sich vor, sie beim nächsten Termin darum zu bitten.

Er klickte die Word-Dokumente weg, fuhr den PC runter und ging zu Mr B.

Maja

Krüger brachte sie aus dem Konzept.

Als sie von ihm wegfuhr, freute Maja sich auf ihre Wohnung. Sie brauchte Zeit für sich. Um zu begreifen, was möglicherweise gerade begonnen hatte, worauf sie sich eingelassen hatte – ob sie sich auf etwas eingelassen hatte. Das Baden im Dunkeln, das Prickeln zwischen ihnen, Krügers Vorschlag, zu ihm zu gehen, der erste Kuss, die Nacht bei ihm.

Sie hatte alles genossen. Und alles andere vergessen. Es fühlte sich an, als wäre sie aus dem Tritt gekommen.

Sie verbrachte den Rest des Tages mit einem Lächeln im Gesicht und einem Knoten im Magen, der auch am Montag nicht verschwand.

Krüger drängte sich immer wieder in ihre Gedanken. Er löste etwas in ihr auf, das vorher klare Struktur besessen hatte.

Als Teenager hatte sie sich gern Tagträumen hingegeben und sich vorgestellt, was wäre, wenn … Was wäre, wenn Ben sie jetzt hier überraschen würde? Was wäre, wenn er sie einfach zum Mittagessen abholen würde. Was wäre, wenn sie ihn spontan besuchen, sie sich einen Tag freinehmen würde, sie gemeinsam wegfahren würden?

Nele klopfte an und entschuldigte sich für einen Überfall, den ihr Chef auf sie vorhatte: eine Woche Boston, Dienstreise zu einem Großkunden, der Chef würde mitkommen. Morgen gehe der Flieger.

Maja war bewusst, dass dies ein letzter Prüfstein sein konnte.

Eine Woche auf der anderen Seite der Welt, eine Woche mit ihrem Chef, eine Woche ohne Ben.

Sie schrieb ihm eine Nachricht.

»Werde dich vermissen«, war die Antwort.

»Und mich auf dich freuen«, kam als Nächstes.

Freute sie sich auch? Jajajaja, ihr Herz pochte! Und lenkte sie von dem ab, was vor ihr lag. Sie würde Ben Krüger aus ihrem Kopf verbannen, von ihrem klopfenden Herzen fernhalten. Zumindest bis die Woche überstanden und ihre Beförderung klar war.

Krüger

Maja meldete sich die ganze Woche nicht. Sie antwortete nicht auf seine Nachrichten, sie rief nicht an, sie schrieb keine Zeile. Krüger quälte sich. Er sah sie mit dem Flugzeug abstürzen, er sah sie mit irgendwelchen Anzugschnöseln an der Hotelbar, in einen Autounfall verwickelt, vom Taxifahrer entführt.

Krüger schlief nicht, er fuhr auch nicht zum See, wo Maja noch mehr fehlte.

Er trank zu viel. Mr B wollte, dass er endlich seinen Deckel bezahlte. In seiner Verzweiflung vergaß er den Termin bei Frau Dr. Hellwig.

Am Sonntag saß er auf seiner Couch. Seine Sinne waren auf sein Telefon und die Türklingel ausgerichtet.

Sie wollte vorbeikommen, wenn sie wieder zurück war. Die Woche war rum, und sie würde ihn aus seinem Elend befreien.

Türklingel und Telefon schwiegen. Maja blieb verschwunden, das Elend nahm weiter ihren Platz ein.

Kurz vor Mitternacht rief er sie an. Das Telefon klingelte und klingelte und klingelte …

Maja

Es klingelte und klingelte und klingelte … Ben.

Sie wollte sich bei ihm melden.

Aber wie sollte sie ihm erklären, dass sie dazu keine Kraft gehabt hatte? Die Woche hatte ihre Reserven aufgebraucht. Ihr Chef schien sie zu prüfen, er führte sie vor, er ließ sie die Überzeugungsarbeit beim Kunden machen, bis diese endlich den Vertrag unterschrieben hatten. Sie flogen zurück, ihr Chef war hochzufrieden, bestellte Champagner und Whiskey, und Maja verschwand in einem Nebel aus Nicken, Lächeln und Trinken.

Zu Hause angekommen, war sie auf ihr Sofa gesunken und hatte sich der Schwerkraft überlassen.

Wie sollte Krüger das verstehen?

Am Abend schleppte sie sich von der Couch unter die Dusche und machte sich anschließend eine Dosensuppe warm. Sie hoffte auf neue Kräfte. Zum Telefon schaffte sie es an diesem Abend nicht mehr. An Schlaf war aber auch nicht zu denken. Zu viele Gedanken wollten ihre Aufmerksamkeit.

Krüger

Krüger wälzte sich auf seinem Kopfkissen hin und her, zerbrach sich den Kopf darüber, was er falsch gemacht haben könnte. Warum sich Maja nicht wenigstens kurz zurückgemeldet hatte. War das alles nur eine kurze Affäre? Hatte sie keine Lust auf Verbindlichkeit, hatte sie erkannt, dass sie nicht zusammenpassten?

Am Montag kam ein Anruf von der Agentur. Er musste vorstellig werden, sich erklären. Krüger fuhr hin. Die Hellwig hatte keine Zeit, er sprach mit einem dicken Klops namens Müller, der ihm eine Ermahnung erteilte. Sein Arbeitslosengeld würde gekürzt werden. Krüger war das egal.

Es vergingen zwei weitere Wochen. Die Löcher in seiner Wohnung verschwanden nicht, sie gähnten ihn an, und er gewöhnte sich an sie und an ihr Gähnen. Sie erinnerten ihn daran, dass Maja wirklich hier gewesen war.

Dann piepste sein Handy. Eine Nachricht von Maja.

»Ben, hallo, können wir uns treffen?«

Das war alles? Nach der ganzen Zeit?

Er rief sie an. Zu seinem Erstaunen hob sie ab.

»Hey, Krüg … – hallo, Ben.« Sie schien sich zu freuen, aber ihre Stimme klang gepresst.

»Maja. Wo hast du gesteckt? Warum hast du dich nicht gemeldet? Geht's dir gut?«

»Es tut mir leid.« Schweigen. »Ben, ich würde dich gern sehen.«

Das klang nach: »Ich mag dich, aber …« Krügers Herz sank. Es sank tief, irgendwohin, wo es sich verstecken konnte und das Ende einer Beziehung, die noch gar nicht richtig begonnen hatte, nicht erreichen würde.

»Klar.«

»Wollen wir uns am See treffen, morgen Abend?«

Maja

Sie hatte Ben hängen lassen. Für ihre Arbeit. Für ihre Beförderung. Die Dienstreise war in ihrem Sinne verlaufen, sie bekam das Angebot, auf das sie so lange hingearbeitet hatte. Eigentlich hatte sie am gleichen Abend Ben anrufen wollen. Und dann das: Sie hing über einem Teller Nudelsuppe und löffelte vor sich hin, als ihr Blick an dem kleinen Kalender hängen blieb.

Sie schob die Suppe zur Seite, betrachtete die Kalenderwochen und rechnete. Rechnete noch einmal. Das konnte nicht sein. Das durfte, das konnte, nein, das konnte nicht sein! Vielleicht war es auch nur eine dumme Verschiebung, Zeit und Raum, der Mond, ihre Hormone alles ein bisschen verrutscht, nichts weiter.

Sie hatte in dieser Nacht kein Auge zugetan, hellwach im Bett gelegen und die Decke angestarrt, bis die ersten Vögel zu zwitschern begannen.

Der Besuch bei ihrer Ärztin hatte ihr schließlich Gewissheit gebracht, eine Gewissheit, mit der sie nie im Leben gerechnet hatte. Es war wirklich höchste Zeit, mit Ben zu sprechen.

Als Maja den Parkplatz erreichte, setzte ein leichter Nieselregen ein. Sanft, aber beharrlich. Maja freute sich trotzdem, am See zu sein, auch im Sommernieselregen. Sie hatte ihn vermisst, genau wie ihre Treffen dort mit Ben.

»Lass uns eine Runde spazieren gehen!« Sie sah ihm an, dass er länger keinen Schlaf gefunden hatte und das Schlimmste befürchtete. Sie nahm ihn in den Arm.

Er drückte sie fest an sich und küsste ihre Haare. »Ich hab dich so vermisst.«

Maja hatte verdrängt, wie sich Vermissen anfühlte. Erst jetzt, mit Bens offenem Herzen, fiel ihr auf, wie leer sie sich bis jetzt gefühlt hatte.

Dicht nebeneinander, sodass sie sich berührten, ohne sich zu halten, gingen sie erst zum Nordufer, vorbei an den Trauerweiden, die im Regen noch tragischer im Wasser hingen als sonst, vorbei an ein paar Hundebesitzern mit ihren Vierbeinern, denen der Regen nichts ausmachte.

»Maja … Bitte, was ist los?« Krüger brach das Schweigen.

Sie hörte, wie er die Luft anhielt.

»Ich bin schwanger, Ben.«

Krüger

Krüger hatte das Schlimmste befürchtet. Mit flachem Atem und einem Stein im Magen war er neben ihr hergelaufen und hatte darauf gewartet, dass Klarheit, so hässlich sie auch aussehen mochte, ihn erlösen würde.

Und nun das. Maja war schwanger. Von ihm? Wahrscheinlich. Sollte er dennoch fragen?

Krüger blieb stehen. Er schaute in ihr abwartendes Gesicht, dann auf den See. Die Oberfläche wurde vom Regen durchsiebt.

Nun war sie da, die Klarheit, nicht hässlich, aber immer noch atemraubend.

Er, Krüger, wurde Vater. Er hatte mit allem gerechnet, damit nicht. Das war viel. Das war etwas Großes, das ihm da in die Hände gelegt wurde. Krüger wusste nicht, wie er es halten sollte.

Das war doch dieser Moment in den Filmen, wenn Frauen in wenigen Sekunden die Reaktion des Mannes interpretierten.

Nur ein winziges Zögern, und Maja würde es als Ablehnung verstehen.

»Wow.«

Er wusste, er sollte noch was sagen, irgendwas Aufmunterndes.

»Ich dachte, du machst Schluss, Maja. Und jetzt werde ich Vater. Das ist …« Er fand den Begriff dafür nicht. Gab es überhaupt einen für diese Situation?

»Für mich auch, glaub mir. Es ist auch nicht so, dass ich mich irre freue, ehrlich gesagt.«

»Nicht?«

»Nein, Krüger. Verdammt. Wir haben uns ja grad erst kennengelernt.«

»Ich weiß.«

»Das passt überhaupt nicht in meine … Ach, das ist ein verdammter Mist.«

»Und was jetzt? Was hast du vor?«

Krüger schaute sie fragend an. Er wusste, wie dünn die Decke unter ihm war.

»Ich meine, willst du es … behalten?«

»Ich weiß es nicht.«

Maja

Es war genau das passiert, was sie mit aller Kraft hatte verhindern wollen: Sie hatte nicht aufgepasst, die Stufen aus dem Blick verloren, und wurde aus dem Rennen geschubst, in dem sie sich bis jetzt so gut geschlagen hatte.

Erst der See, dann Krüger, jetzt ein Kind. Und das alles in wenigen Wochen. Maja hatte ihren Weg verlassen, und nun? Nun irrte sie auf unbekannten Pfaden ohne Richtungsangaben.

Krüger schien enttäuscht. Mit hängenden Armen stand er vor ihr und erwartete, dass sie noch etwas sagte, sich erklärte.

Welche Erklärung hatte sie? Dass ihr ein neuer Posten angeboten worden war, den sie mit Kind vergessen konnte? Dass sie Angst davor hatte, dass auf einmal nichts mehr klar war? Ein Kind, das bedeutete Unsicherheit und Unzuverlässigkeit. Es würde ihre Welt auf den Kopf stellen. Ungefragt und bedingungslos. War sie dazu bereit? War Ben der Richtige dafür? Sie wusste es einfach nicht.

»Wir würden das schon hinkriegen, denke ich.« Ben wollte ihr Zuversicht schenken. Es lag etwas Zartes und Bemühtes in seinen Worten, das Maja ins Herz schnitt.

Sie sah sich im Regen stehen, mit Krüger, der sie festhielt und ihr einen Teil ihrer Last abnahm, bereit war, sie mit ihr zu teilen. Aber sie konnte ihm nichts versprechen und zuckte mit den Schultern.

»Warum hast du nicht schon früher mit mir geredet, Maja?«

»Ich brauchte Gewissheit.«

»Und dafür lässt du mich über drei Wochen im Ungewissen? Um mir dann mit diesem Hammer zu kommen? Du hättest echt was sagen können. Mir ging's beschissen und – ich hab mir Sorgen gemacht.«

Maja blieb stehen. »Mensch Krüger, es tut mir leid. Die Situation überfordert mich. Ich steh kurz vor einer Beförderung. Mein Chef wartet auf eine Entscheidung. Und … vielleicht hatte ich auch Angst vor *deiner* Reaktion. Ist ja nicht gerade das, was man sich wünscht, nach der ersten Nacht, oder? Vater werden?«

Krüger

Nein, gewünscht hatte er sich das nicht direkt. Und der Zeitpunkt war auch nicht gerade perfekt. Er schuldete Maja auch noch ein Geständnis, das nun noch dringlicher war, dringlicher, als er wollte. Daher konnte er Maja verstehen. Ihr Schweigen. Ihre Unsicherheit.

»Du reißt ganz schön große Löcher in mein Leben, weißt du das?«

Maja runzelte die Stirn. Wie sollte sie das auch verstehen?

»Na ja, ich habe nicht damit gerechnet, so schnell Vater zu werden. Aber ich habe mir gewünscht, dass aus uns mehr wird als eine flüchtige Begegnung beim Nacktbaden. Daher …«

Ein Lächeln, endlich. Krüger fühlte wieder sichereren Boden unter sich.

»So wie es aussieht, bin ich Teil der Situation. Mit schuld daran, mit verantwortlich. So seh ich das. Egal, wie du dich entscheidest.«

Sie umarmte ihn. »Du wärst mir nicht böse, wenn ich es nicht behalten würde?«

Krüger schluckte.

Es wäre eine Verantwortung weniger. Aber Maja mit Kind, wow, er würde sich sofort für diese Version entscheiden.

»Ich steh hinter deiner Entscheidung.«

»Danke, Krüger.«

Das würde er. Denn er wollte Maja. So, wie sie war. Er konnte es kaum erwarten, sie wieder neben sich zu haben, sie zu fühlen, zu berühren und ihre Wärme zu spüren.

Ganz tief in seinem Innersten hoffte er, dass auch Maja zu ihm stehen würde, wenn er seine berufliche Situation offenbaren würde.

»Ich muss dir auch was sagen, Maja.«

Krüger gestand.

»Wie lange schon?«

»Seit vier Monaten.«

»Und … ist was Neues in Sicht?«

»Nein. Bisher nicht.«

Was sollte er auch beschönigen? Sein Arbeitslosengeld war gekürzt worden. Die letzten Bewerbungen lagen nicht abgeschickt auf seinem Schreibtisch.

Die Hellwig wollte ihn in eine Weiterbildungsmaßnahme stecken, mit Jobcoaching, und er sollte über eine Umschulung nachdenken. Krüger wollte nicht umschulen. Er wollte wieder schreinern, auf Baustellen werkeln, umgeben von Holzspänen, Staub und Farbgeruch. »Manchmal endet auch etwas, Herr Krüger. Denken Sie mal darüber nach. Vielleicht ist es Zeit für ein neues Kapitel in Ihrem Berufsleben.«

Er war kopfschüttelnd gegangen. Jetzt ergaben die Worte der Hellwig einen Sinn. Vielleicht war die Frau doch gar nicht so doof, wie er dachte.

Er sah die Enttäuschung in Majas Gesicht. Ihre Gesichtszüge glitten nach unten, fingen sich schnell wieder, aber Krüger hatte es gesehen. Eine schlechte Partie, eine weitere Sorge für ihre Zukunft.

Er wollte Maja nicht an seine Arbeitslosigkeit verlieren, gerade jetzt, wo er so viel hinzugewonnen hatte. Ein Kind – von ihm! Verdammt, das war etwas Großartiges. Wenn sie das Kind denn bekommen würde.

»Maja, keine Sorge. Ich hab gesagt, wir kriegen das hin. Das heißt, ich krieg das hin. Ob mit Kind oder ohne.«

Sie nickte und sah zu Boden.

Er wollte diese Zweifel von ihr abschütteln. Vorsichtig hob er ihr Kinn und suchte ihre Augen. »Ich mein das ernst. Ich hab mein Leben lang geschuftet. Ich bin gut, in dem, was ich tu. Ich finde einen neuen Job. Ich … ich liebe dich.«

Ihre Augen trafen sich. Hatte er sie jetzt überrollt?

Sie drückte seine Hand. »Ich glaube dir.«

Er würde Maja beweisen, dass sie ihm glauben konnte. Die Verantwortung, die ihn durchflutete, befeuerte neuen Tatendrang. Morgen würde er diesen Typen anrufen, der noch immer einen erfahrenen Handwerker brauchte. Sie würden telefonieren und abends mit einem Bier bei Mr B den Jobdeal besiegeln.

Maja und Krüger

Arm in Arm schlenderten sie um die restliche Hälfte des Sees und stellten sich schließlich unter einen der Schirme am Kiosk. Ja, vielleicht würden sie es hinkriegen. Maja und Krüger. Vielleicht zu dritt. Ein Kind bedeutete auch Optionen. Einen neuen Abschnitt. Es muss einen Grund gehabt haben, warum Maja eines Abends nicht nach Hause gefahren, sondern zum See abgebogen war. Sich frei gemacht hatte von ihren Klamotten, nackt in den See getaucht war und Ben sich auf den ersten Blick in die Frau mit den flammenden Haaren verliebt hatte.

»Maja.«

»Krüger?«

»Ohne dich drängen zu wollen. Aber, *wenn* du dich für das Kind entscheidest und es ein Mädchen wird …«

»Krüger!«

»Schon gut, schon gut.«

Der Nieselregen hatte aufgehört. Das Gras dampfte, es roch nach nasser Erde. Die Natur hatte sich erfrischt. Übrig blieb eine feuchte, schwüle Luft, die sich schwer auf Haare und Stoff legte.

Für Krüger gab es in diesem Augenblick nur noch sie: Maja und das kleine Wesen in Majas Bauch. Er hätte gern seine Hand an die Stelle gelegt, hielt sich aber zurück. Er würde Maja Zeit für ihre eigenen Gedanken lassen. Noch hatte sie sich nicht entschieden, auch nicht dagegen.

»Was wolltest du sagen, Krüger?«

»Nicht wichtig.«

»Sag es, bitte.«

»Lass uns schwimmen gehen!«

»Du bist verrückt, Krüger.«

Er meinte es ernst. Er zog sein T-Shirt über den Kopf. Knöpfte die Hose auf, warf die Schuhe von sich. Maja lachte, dann tat sie es ihm nach, bis sie sich nackt gegenüberstanden.

»Wenn es ein Mädchen wird …? Was wolltest du sagen?«

Frauen, sie ließen einfach nicht locker, wenn sie etwas wollten.

»… dann wäre Tamy ein schöner Name. Das habe ich vorhin sagen wollen. Vergessen wir's, okay?«

Krüger nahm ihre Hand und drehte sich zum Wasser.

»Tamy«, dachte Maja, als sie hinter Krüger her stapfte.

Noch war nichts entschieden.

Entscheidend war, dass sie beide hier waren, zusammen, nicht allein. Sie hatten alles voreinander abgelegt, was sie gefangen gehalten hatte. Jetzt war es Zeit, schwimmen zu gehen. Endlich wieder ein paar Bahnen ziehen, weitermachen, womit sie vor wenigen Wochen begonnen hatten, und auf sich zukommen lassen, wohin es sie führen würde.

»Warte kurz!«, rief Maja, und Krüger hielt an. Sie lehnte sich an ihn und suchte seine Lippen.

Ein Kuss nach dem Regen, salzig und nass.

9

Marty

Der Spinner

Am Kiosk kannte man ihn. Wenn die Alten dort standen und ihr Bier zischten oder Kinder ihr Eis schleckten, schielten sie zu ihm rüber, schmunzelnd, wissend, dass er wieder da war, mit seinem Stift, seiner Kladde, den Blick nach innen gekehrt, wartend, gedankenversunken.

So manch einer erinnerte sich auch an den ein oder anderen Spruch, den er im Vorbeigehen hinterließ und bei dem man nicht sicher sein konnte: Meint der mich oder sinniert der einfach nur vor sich hin?

Marty sinnierte nicht. Marty beobachtete. Er sammelte. Und er sah viel. Hinter seinen abgedunkelten Brillengläsern, den Hut in die Stirn gezogen, sich am Stoppelbart kratzend, entging Marty nicht, wer hier litt oder liebte, hoffte oder einfach nur seine Ruhe haben wollte. So wie er. Lieber saß er am Rande der kleinen Terrasse, am hintersten Platz mit einem guten Blick über den See und sein Ufer.

Am ehesten traf man Marty spät abends an, wenn sich die Bäume gegen die Dämmerung wie ein Scherenschnitt abzeichneten und Marty sich vorstellen konnte, wie in einem Tim-Burton-Film durch eine surreale Landschaft zu schreiten und auf surreale Wesen mit langen Beinen und spitzen Nasen zu stoßen, die ihn hinabzogen durch das Wurzelwerk hindurch, in eine Dunkelheit, die ewig war …

Ewig war in der Tat ein gutes Stichwort. Denn ewig her war die Veröffentlichung seines letzten und einzigen Romans, der ein Erfolg hätte werden sollen. Wenn sich denn jemand für seine Version von Schattenwesen interessiert hätte, für seine Version einer geheimen Welt unter dem Asphalt, wo erdige Lebewesen ihre eigenen Kämpfe ausfochten, sich gegenseitig bekriegten und am Ende doch nur die Macht und die Liebe für sich allein in Anspruch nehmen wollten.

Die Verkaufszahlen waren unterirdisch. Marty kratzte sich am Bart. Er brauchte neuen Stoff. Etwas Einzigartiges. Ganz und gar Sonderbares. Oder sollte er das Genre wechseln? Er hatte genug Beziehungskram mitbekommen, Streitereien, Flirtereien, Händchenhalten, versteckte Tränen, knutschende Teenager am Sandstrand …

Genau, vielleicht würde es eine romantische Komödie werden, geschrieben von einem Fantastikliebhaber ohne Sinn für Romantik. Marty seufzte.

Als die Sonne sich dem Horizont entgegendrückte und die letzten Strahlen über die Felder schickte, wusste er, dass wieder ein fruchtloser Tag vergangen war. Die Ideen, sie ließen sich nicht blicken.

Dabei war sein Platz am See immer eine sichere Quelle der Inspiration gewesen. Hier hatte er vor einigen Jahren den Anfang seines ersten Romans gefunden. Als sich hier noch niemand groß für den See interessiert hatte, als es weder FKK noch einen Kiosk gab. Eine Unterwasserwelt für Verstorbene war zur Kulisse eines dicken Wälzers geworden, der die Hoffnung des Verlags und der Leser befeuerte, dass ein neues Talent entdeckt worden war. Es folgten jedoch nur Erzählungen, unzählige. Ein paar wurden veröffentlicht. Standen noch in den kleinen Buchhandlungen mit wackligen Trittleitern für die oberen Regale. Dünne Büchlein, angestaubt und vergessen wie der Autor selbst.

Und jetzt? Nichts passierte.

»Stillstand im Stübchen da oben, was?«, sprach Marty zu sich selbst und tockte mit den Fingerknöcheln gegen seinen Schädel.

Er hatte sich darauf verlassen, auf seinen See, auf den freien und wilden Gedankenfluss. Wahrscheinlich zu sehr. Vielleicht war seine Zeit als Schriftsteller auch abgelaufen, noch bevor sie richtig an Fahrt aufgenommen hatte?

Er seufzte erneut und überlegte, seine Sachen zusammenzupacken und zu gehen, bevor der Frust zu groß wurde und seine See-Idylle vergiften würde. Oder einfach ein Bier am Kiosk holen und den Tag davonfließen lassen?

Während er die Alternativen abwog – die Sonne klopfte gerade am Horizont an, um auf die andere Seite zu ziehen – hörte er eine unbekannte Stimme. Nah an seinem rechten Ohr. Er drehte sich um. Da saß niemand. Auch zwei, drei Bänke weiter: niemand. Der Kiosk war zu weit weg, die letzten Badegäste vor ihm am Ufer konnten es auch nicht sein.

»Hey«, sagte die Stimme. Tief, leicht genervt und gedämpft.

Er schaute sich wieder um. Da war nur die Laterne. Das Licht flackerte bereits, sie würde gleich das Sonnenlicht ersetzen. In diesem Zwielicht entdeckte er ein großes Spinnennetz, angeleuchtet von der schwachen Glühbirne.

Ekelhaft. Ihm gruselte beim Anblick von Spinnennetzen – und von Spinnen ganz besonders. Er schaute wieder auf den See und überlegte, nun doch noch ein letztes Bier, einen Sundowner, zu trinken. Er erhob sich.

»Ja, hau rein, Alter. Noch ein Bier, dann fließt es wieder. Pah! Denkste!«

Wo zum Teufel kam diese Stimme her? Sie erinnerte ihn an eine Comicfigur, nur an welche …?

Er holte sich ein Bier, und der erste große Schluck gurgelte angenehm kühl in seiner Kehle hinab. Er liebte diese Stimmung, diese Melancholie des verbleichenden Sommers, die hoch inspirierende, an die Nacht grenzende Tageszeit, die Farben, das schwindende Licht, das ihn, unter der Haut gespeichert, von innen auszuleuchten vermochte und die Menschen in zweidimensionale Gestalten verwandelte. Vielleicht würde in diesem Zustand doch die zündende Idee für seine nächste Geschichte kommen.

»Warte, bis die Sonne weg ist, dann kommt sie schon, deine Idee. Warte bis Mitternacht.«

Er bildete sich das nicht ein. Jemand oder etwas sprach mit ihm, und sein Blick blieb am Spinnennetz hängen. Konnte das sein …?

»Ja, genau, ich rede mit dir. Endlich hörst du mir mal zu.«

Im Netz saß eine Spinne. Mit langen haarigen Beinen und einem dicken Körper, genau so ein Exemplar, wie er es am meisten hasste. Ein Ekel-Schauer lief über seine Arme und Beine, er rückte ein Stück von der Laterne weg.

»Ich weiß, du ekelst dich vor mir.«

Die Spinne hatte eine Fliege unter sich, dick eingesponnen, regungslos.

»Ein Festmahl«, sagte die Stimme.

Er sah, wie sich die Spinne über die Fliege hermachte. Er wollte wegsehen. Und konnte es nicht.

»Abscheu kann faszinierend sein. Ein interessantes Paradoxon«, dachte er.

»Ich bin nicht nur ekelerregend. Ich bin der Quell deiner Fantasie.« Dabei schmatzte die Stimme. Es war eindeutig die

Spinne, die zu ihm sprach. Verstohlen blickte er sich um. Niemand beachtete ihn.

»Du kannst … reden?«, fragte er die Spinne.

»Hörst du doch, dass ich das kann«, antwortete diese.

»Ich fass es nicht … Ich kann Tiere reden hören.« Er trank das Bier in einem Zug aus.

»Ne, du kannst nur mich hören. Glaub mir.«

Er wusste nicht, was er gerade überhaupt noch glauben sollte. Er stand auf und holte sich noch ein Bier. Dieser Tag war kein normaler Tag. Mittlerweile war die Sonne verschwunden, durch das Licht der kleinen Laterne auf der Terrasse hing die Spinne im Netz in voller Beleuchtung vor seiner Nase. Widerlich.

»Wieso kann ausgerechnet ich dich hören?«, fragte er die Spinne.

»Na, ich bin deine Muse, Alter.« Sie schmatzte und saugte.

Er musste sich wegdrehen und einen Würgereiz unterdrücken.

»Na klar, du bist meine Muse. Eine Spinne. Die gerade eine Fliege verspeist.« Er lachte kurz auf, der Gedanke war zu absurd. Dann sah er sich um, peinlich berührt. Noch immer schien niemand auf ihn aufmerksam geworden zu sein.

»Kannste glauben oder nicht. Is' aber so. War schon die ganze Zeit so. Ich hab dich eingefangen, dir die Substanz injiziert, die aus dir den Schriftsteller macht, der du heute bist. Was glaubst du, woher du deine ganzen verrückten Ideen hast? Von den paar Bier hier?« Die Spinne kicherte.

Er hatte nicht gewusst, dass Spinnen kichern konnten. Aber was wusste er schon?

Er musste zugeben: Wenn ihn eine Idee erfasste, fühlte sich das an wie ein Stich, und er schrieb wie in einem Fieberzustand, weit weg vom Hier und Jetzt, im Kokon seiner Fantasie, wo sich die Geschichten entspannen … – die Metapher war zu albern. Er verbat sich weitere wirre Gedanken.

»Okay. Nehmen wir an, es wäre so«, flüsterte er, dabei schaute er immer wieder nach links und rechts. »Was passiert, wenn ich mal nicht hier bin und woanders schreibe?«

»Hast du das schon getan? Woanders geschrieben?«

Hatte er nicht. Noch nie. Nur hier. Er konnte es einfach nicht glauben. Es musste am Alkohol liegen. Langsam tat der seine erhoffte Wirkung, Marty wurde schläfrig und sein Verstand langsamer. Er entspannte sich. »Alles nur Einbildung. Das ist Teil des kreativen Prozesses«, beruhigte er sich.

Die Spinne hing noch immer an derselben Stelle. »Ich bin genauso ortstreu wie du«, kam es plötzlich wieder aus dem Netz. »Wir sitzen beide hier schon eine ganze Weile zusammen. Ist auch für mich ein ergiebiger Ort.«

Marty meinte, ein Saugen zu hören. Das Bier hob sich in der Magengegend. Er verzog das Gesicht.

»Hey, dein Bier ist auch nicht gerade appetitlich.«

»Kannst du auch noch meine Gedanken lesen?«

»Alter, ich *bin* deine Gedanken!« Die Stimme der Spinne wurde tatsächlich eine Nuance lauter.

Marty schaute sich wieder um. Er war fast allein hier. Emre außer Hörweite. Es gab nur ihn und diese … sprechende Spinne?

»Deine Geschichten konstruierst du nicht mit deinem Verstand, der mit Verlaub etwas behäbig ist«, fuhr sie fort. »Vertrau lieber deiner Imagination!«

Marty schüttelte den Kopf. Die Spinne hatte recht, und trotzdem zweifelte er … Die Situation war einfach nicht real. Ein letztes Bier, dann einfach nach Hause, einschlafen und morgen neu starten. Er stand auf.

»Hey, Marty«, rief die Spinne hinter ihm her.

»Zweifle an deinem Verstand!«

Das tat er gerade wirklich.

»Na klar. Vielleicht schaff ich das ja nach einem letzten Bier hier.« Er prostete dem Spinnennetz mit der leeren Flasche zu und schlurfte los.

Auf dem Weg zum Kiosk fragte er sich, woher die Spinne seinen Namen kannte, und entschied, dass er sich heute einfach gar nichts mehr fragen sollte.

Er zahlte das Bier, und als er sich wegdrehte, vernahm er in seinem Rücken Emres unterdrücktes Lachen. »So 'n Spinner«, hörte er ihn sagen. Oder? Hatte er das richtig gehört?

Marty ging zu seinem Tisch zurück. »Stimmt schon. Ich bin ein Spinner. Ein Geschichtenspinner.«

Schon wieder musste er ob der Offensichtlichkeit dieses Sinnbilds kurz auflachen. Er kam an seinen Tisch zurück – und stutzte.

An der Lampe klebte eine dicke fette Fliege und rieb sich die Hinterbeine. Sie war putzmunter und allein. Die Spinne? Weg. Und auch das Spinnennetz. Kein einziger Faden hing herab. Überhaupt, die Lampe war sauber, sie zeigte keinerlei Spuren von Insekten und anderem Getier, das sich im Laternenlicht getummelt hatte.

Er setzte sich. Um ihn herum die Dunkelheit. In seinem Kopf dagegen leuchteten wie auf einem Reklameschild hell und klar die letzten Worte der Spinne: »Zweifle an deinem Verstand!«

Als Emre sein Kiosk abschloss, um nach Hause zu gehen, sah er Marty noch immer im Schein der Laterne sitzen, tief über seine Kladde gebeugt. Emre ging kopfschüttelnd an ihm vorbei, dem Spinner, der hier zum See gehörte wie die alten Weiden am Nordufer, die knutschenden Teenager, der verbotene Turm, die

Nackten am Südufer – und wie sein kleiner Kiosk mit den bunten Schirmen davor.

Marty zweifelte unterdessen tatsächlich an seinem Verstand. Er musste sich dafür aber auch keine große Mühe geben, schließlich hatte er mit einer eingebildeten Spinne gesprochen. Aber er wartete bis Mitternacht, wie ihm geheißen worden war. Er wartete bis tief in die Nacht. Was hatte er schon zu verlieren?

In dieser Nacht erschien ihm jedoch weder ein weiteres sprechendes Tier noch eine Muse. Stattdessen tauchte irgendwann nach Mitternacht eine dunkle Gestalt auf. Sie trug schwer, und sie fühlte sich unbeobachtet, als sie ein Erdloch aushob, hinten bei den Weiden, und etwas darin verbuddelte. Marty beobachtete, und währenddessen sprang der Motor im Hirn des Schriftstellers an. Sätze formten sich, Ideen ergossen sich auf das Papier. Die Gestalt hatte noch eine Weile am Ufer gesessen, bevor sie in der Dunkelheit verschwand, verschluckt vom wilderen Teil des Seeufers. Marty dagegen blieb bis zum Morgengrauen. Bis er mit steifen Gliedern und grauen Schatten unter den Augen die Kladde zuklappte.

Er wusste noch nicht, dass sein Buch nächstes Frühjahr auf den vorderen Tischen am Eingang der großen Buchhandlungen platziert werden wird: »Ein Überraschungsroman!« – »Ein Geheimtipp!« – »Ein Ausnahmetalent. Schräg und skurril.«

Wie der Autor selbst, der es aber bevorzugen wird, unerkannt zu bleiben.

10

Linus

Dieser eine Ort

Das Mädchen, das er zuletzt geküsst hatte, oder vielmehr sie ihn, hieß Jenna und hatte nach Zimtkaugummi und Zigarette geschmeckt. Sie war nach dem Konzert auf ihn zugekommen, hatte ihn angelächelt und ihren Mund auf seinen gedrückt. Der Kuss war flüchtig gewesen, so wie die Zeit an sich in Linus' Leben nur eine flüchtige Bekannte war. Eine, die unangemeldet vor der Tür stand und sich von einem Tag auf den nächsten wieder verabschiedete, gerade als er dachte, er würde sich mit ihr anfreunden.

Linus war sich sicher, dass Jenna mittlerweile mit ihrem Frontmann Connor knutschte.

Mit Paula war das etwas anderes. Er hatte sich Knall auf Fall in sie verliebt. Gleich in dem Moment, als Frederik sie einander vorgestellt hatte. Zum Abschied hatte sie ihm ihre Telefonnummer auf einen Einkaufszettel gekritzelt, und Linus war selig nach Hause geradelt, jeden Kommentar von Fred ignorierend.

War es eine gute Idee, sie wiederzusehen? War es überhaupt eine gute Idee, jemanden kennenlernen zu wollen, von dem man sich womöglich nicht wieder verabschieden wollte?

Eine eindeutige Antwort darauf zu finden, war ganz klar die Mühe nicht wert, denn der Wunsch, dieses Mädchen zu küssen, wog unbezwingbar schwerer. Egal, wie lange sie dieses Mal bleiben würden. In diesem Kaff, in dem er geboren worden war, in diesem Haus, das einst seiner Großmutter gehört hatte.

Unten im Wohnzimmer schepperte es. Seine Mutter packte wahrscheinlich gerade eine neue Kiste zusammen mit Sachen, die sie nicht behalten wollte.

Er hatte nur ungenaue und blasse Erinnerungen an seine Großmutter. Sie waren zu früh weggezogen, und danach sollte möglichst wenig über sie gesprochen werden. Das, was er mit seiner Oma in Verbindung bringen konnte, waren die Tränen seiner Mutter und die gedrückte Stimmung, jedes Mal wenn es um »sie« ging. Wie weit sie auch wegzogen, immer ein Stückchen weiter, die Tränen kamen und brachten diese Stimmung mit, bis es irgendwann wieder hieß: »Ich brauche einen Schnitt.«

Ihre letzte Station hatte sie auf einen anderen Kontinent geführt, »dahin, wo Nacht ist, wenn bei ihr Tag ist«.

Vielleicht wären sie noch dort, wo jetzt Nacht wäre, wenn nicht vor einem halben Jahr ein Brief aus Übersee plötzlich alles geändert hätte. Die Luftpost hatte ihnen ihren letzten Gruß geschickt, ihr Erbe, und Linus' Mutter hatte plötzlich zurückgewollt. In Linus' letztem Jahr an der Highschool, kurz nach seinem ersten richtigen Konzert.

Er saß am Schreibtisch seines neuen Zimmers und schaute aus dem Fenster. Eine dicke schwarze Wolke schob sich behäbig, aber unausweichlich vor die Septembersonne. »Wehe, wenn es gleich regnet«, dachte er. Er klappte das Mathebuch zu. An Hausaufgaben war jetzt eh nicht mehr zu denken. Er legte seine ultimative Lieblings-CD ein. Die Smashing Pumpkins wussten einfach immer, wie man Stimmungen besingen konnte. Der Song *To Forgive* war einer seiner all-time-favorites …

»I knew my loss before I even learned to speak.

And all along, I knew it was wrong,

But I played along, with my birthday song.«

Während er den Gitarrenriffs lauschte und leise mitsummte, scrollte er durch die Nachrichten in seinem Handy. Sie hatten sich *sehr* viele Nachrichten geschrieben in den letzten Tagen, und schließlich hatte Linus Paula zu seiner nächsten Bandprobe eingeladen. Heute. Also gleich.

Er packte seinen Bass in die Tasche und stürmte die Treppe hinunter. Sie war alt und ächzte unter der ungewohnten Belastung eines übermütigen Teenagers.

»Linus!« Seine Mutter stand im Flur und stellte sich ihm in den Weg. »Ich wollte gerade zu dir. Hast du einen Moment Zeit, Schatz?«

»Eigentlich nicht.«

»Und warum nicht?«

»Bandprobe?«

»Ach ja … Es geht auch wirklich ganz schnell, ich hab hier noch ein paar letzte Sachen von ihr …«

»Heute echt nicht.«

»Ich dachte, du könntest kurz …«

»Mom, wir haben in den Ferien nichts anderes gemacht, als ihre Sachen hier rauszuräumen. Bist du nicht bald mal durch?«

Er sah, wie das Gesicht seiner Mutter in sich zusammenfiel.

»War nicht so gemeint.« Er ging auf sie zu und nahm sie leicht in die Arme. »Kann Papa dir nachher nicht helfen?«

Seine Mutter rollte mit den Augen, und mit einem Seufzen, das er nur zu gut kannte, sagte sie: »Na, dann los. Ich schaff das auch allein.«

Bitte jetzt nicht heulen, bitte jetzt nicht. Er hätte sie am liebsten geschüttelt.

»Kann ich mir dein Auto leihen?«, fragte er stattdessen.

»Ich kann dich auch schnell fahren.«

Auf keinen Fall!

»Das brauchst du nicht. Ich würde gerne selbst fahren.« Er lächelte sie an, ein bisschen flehend, und seine Mutter nickte. Yes!

»Mein Großer …« Sie wollte ihm über die Wange streichen.

»Ich muss los.« Linus schnappte sich die Autoschlüssel und beeilte sich, aus dem Haus zu kommen.

»Kann heute später werden.«

Ein Warum wollte er seiner Mutter heute wirklich nicht liefern. Paula war ein Schatz, der gehütet werden wollte, solange er so zerbrechlich und der unberechenbaren Zeit ausgeliefert war.

»Aber um sieben gibt's Essen!«, rief sie ihm hinterher. »Und fahr vorsichtig!«

Er warf seine Basstasche in den Kofferraum. Kaum saß er im Auto, klatsche der erste Tropfen auf die Scheibe. Na toll. Er hätte ihr anbieten sollen, sie abzuholen … Jetzt war sie sicher schon auf dem Weg.

Er fuhr los, seinen Hoffnungen hinterher.

»Ich mag dich«, hatte er ihr am gleichen Tag noch gesagt. Oh Mann, was hatte ihn da geritten? Er war sonst nicht so schnell, so unüberlegt. Aber es stimmte. Mehr noch. Er konnte an kaum etwas anderes denken als an ihre Augen und die Neugier darin, ihre Hand, die seine genommen hatte, die Wassertropfen, die sich aus ihren Haaren gelöst hatten und auf ihre Schultern getropft waren, die Gänsehaut auf ihrem Körper, als sie aus dem Wasser gekommen war. Mit diesen Erinnerungen hatte er sich die Ferien versüßt, während er mit seinem Vater den Wohnzimmerboden neu verlegt, die Wände gestrichen und den alten Schuppen im Vorgarten entrümpelt hatte. Altes Zeug, das seine Großeltern Jahrzehnte gesammelt und vergessen hatten.

Er mochte das kleine Hexenhäuschen mit den großen Balken, niedrigen Decken und knirschenden Holztreppen. Und doch fühlte er sich wie ein Fremdkörper darin. Wie jemand, der durch ein Museum schlich, alte Gegenstände mit einer langen Geschichte bestaunte, die nichts mit ihm zu tun hatten, um sie anschließend in eine Kiste zu packen und gegen seine eigenen einzutauschen.

Den ganzen Sommer hatten sie damit verbracht, aus diesem alten Haus ihr neues Zuhause zu zimmern. Seine Mutter hatte rigoros ausgemistet. Tagsüber war sie nicht zu stoppen gewesen, nachts konnte er hören, wie sein Vater sie tröstete. Einmal hatte er sie dabei beobachtet, wie sie in den Kisten wühlte, um ein Bild und ein paar Bücher wieder rauszuholen und ins Schlafzimmer mitzunehmen.

»Erinnerungen können ganz schön belasten, wenn man neu anfangen will«, hatte sie einmal beim Essen gesagt.

Linus hatte dabei an Paula denken müssen, an das Eisessen am Kiosk und fand diese Erinnerung ganz und gar nicht belastend.

»Und warum holst du dann heimlich ihre Sachen wieder aus dem Sperrmüll?«, hätte er am liebsten gefragt.

Die Scheibenwischer quietschten über das Glas und wischten zur Seite, was zur Seite gehörte. Und als Linus den Ortskern hinter sich ließ, die Häuser weniger wurden, ließen die Gedanken an Weggepacktes und Ausgepacktes endgültig von ihm ab, blieben am Dorfrand zurück und verkrümelten sich schließlich. Auf der schnurgeraden Landstraße zum ehemaligen Industriegebiet drückte Linus aufs Gas. Er konnte die alte Lagerhalle schon erkennen. Den großen Parkplatz davor. Ein paar Lkw, Container, aber keine Menschenseele.

Linus rollte über den Platz und parkte neben zwei Rollern und einem Fahrrad. Die Jungs waren schon da, in ihrem kleinen Proberaum im Keller unter der Halle.

Die einzige Firma, die hier noch ansässig war, ein kleines Logistikunternehmen, hatte den Jungs diesen leer stehenden Raum kostenlos zur Verfügung gestellt. Als Linus zum ersten Mal die kleine Eisentreppe hinter der Halle hinuntergestiegen war, war er mehr als skeptisch gewesen. Er hatte an der letzten Highschool einen richtigen Proberaum gehabt, schallisoliert und sogar mit einem kleinen Aufnahmestudio daneben.

Und das kleine Kellerloch dagegen? Nox, ihr Schlagzeuger, hatte Linus durch ein paar niedrige Gänge mit schwachem Licht geführt, wo ein paar Rohrleitungen gluckerten, und der feuchte Muff des Kellers in Nase und Klamotten zog. Linus hatte bezweifelt, dass er hier jemals Musik machen könnte. Doch er konnte. Die vier hatten sich schnell aufeinander eingespielt, sie hatten Spaß am Experimentieren, und nach wenigen Wochen fühlte sich Linus in diesem kleinen Loch mit den unverputzten Wänden wohler als zu Hause. Hier hatten sie einen Ort für ihre Musik gefunden, und für Linus war Musik der verlässlichste Ort, den er kannte.

Er schaltete den Motor aus und wartete. Die Scheibenwischer waren auf halber Strecke auf der Frontscheibe stehen geblieben und teilten das Glas in drei krumme Flächen, auf denen sich die Regenmasse verteilte. Er lauschte dem rhythmischen Plätschern auf der Kühlerhaube und trommelte mit, Daumen gegen das Lenkrad. Ob sie nicht …?

Doch. Da kam sie angeradelt. Paula trat in die Pedale, stemmte sich gegen den Wind. Sie musste klatschnass geworden sein. Sie schaute angestrengt, suchte und fand ihn, winkte, lachte dem Regen ins Gesicht. Linus stieg aus dem Auto und ging ihr entgegen. Sein Herz schlug Purzelbäume.

»Ich hatte Sonne bestellt.« Er zog entschuldigend die Schultern nach oben. »Aber die war wohl für heute woanders vergeben. Sorry.«

Sie lächelte, als sie ihr Rad parkte und abschloss.

»Schön, dass du trotzdem gekommen bist.« Seine Wangen glühten, und er fragte sich, ob sie das durch den Regen sehen konnte.

»Na, hör mal, ich habe eine exklusive Einladung bekommen. Die kann ich doch nicht verfallen lassen!« Sie tat empört und verschränkte die Arme vor der Brust.

Er registrierte die kleinen Härchen, die sich auf ihren Unterarmen aufstellten. Hell und fein. Er stellte sich vor, wie er mit einem Finger entlangstreichen würde …

»Ich hab noch einen Pulli im Kofferraum. Warte mal.«

Linus reichte Paula seinen Pullover. »Es gibt ein kleines WC da unten. Da kannst du dich umziehen, wenn du möchtest. Come on, let's go.«

Er ging vor und führte sie die Treppe runter in den dunklen Gang.

»Also hier haben wir zunächst einmal unsere treusten Zuhörer.« Linus zeigte auf zwei kleine Schatten, die sich in der Ecke des Gangs herumdrückten. »Unsere Mäuse.«

Dann öffnete er die Tür zum Proberaum.

»Und hier: die unbekannteste, aber beste Band des Landes. Jungs, darf ich vorstellen: Das ist Paula, unser erster Fan.«

Nox gab Paula die Hand. »Freut uns, Paula.«

Paula schüttelte jedem kurz die Hand und setzte sich auf das kleine, abgewetzte Sofa gegenüber von ihnen.

Sie stimmten ihre Instrumente, probten den Takt und versuchten sich an einem alten Coversong zum Warmwerden. Linus beobachtete, wie Paula dazu mit dem Knie wippte und leicht mit dem Kopf nickte. Zwischendurch schenkte er ihr ein kurzes Lächeln.

»Linus? Bist du da?«, fragte Nox mit einem Augenzwinkern.

Ihre Anwesenheit brachte ihn aus dem Takt. Sie versuchten es weiter, spielten Bekanntes aus ihrem Repertoire, heute war kein Tag für Experimente, nicht, wenn ein Mädchen zusah …

Paula sah hinreißend aus, in dem zu großen Kapuzenpulli, die Ärmel über die Hände gezogen, der nasse Pferdeschwanz, der auf der Kapuze ruhte.

Nach einer knappen Stunde gab Linus auf. »Das wird heute nix.«

»Das merk ich.« Nox – und wieder dessen bescheuertes Augenzwinkern. »Wir machen heute am besten ohne dich weiter.«

Linus nickte dankbar und beeilte sich, Nox mit seinen Anspielungen zurückzulassen und mit Paula allein zu sein.

»Also, als Wiedergutmachung für diese miese Performance lade ich dich ein. Pizza? Oder irgendwas anderes?« Linus stand auf dem leeren Parkplatz und rieb sich die Hände. »Ich hatte dir eigentlich ein Wassereis versprochen, aber bei dem Wetter …«

Die Luft war abgekühlt. Der Regen machte Pause, aber um sie herum tropfte es nass von den Bäumen, vom Dach der Halle und aus einer überlaufenden, maroden Regenrinne. Glänzende Pfützen erstreckten sich auf grauem Asphalt.

»Lass uns doch trotzdem fahren«, schlug sie vor. »Ist ja grad trocken. Du wirst sehen, die Stimmung am Wasser nach dem Regen ist magisch!«

Das ließ er sich nicht zweimal sagen. Sie hoben Paulas Fahrrad in den Kofferraum, ein umständliches Unterfangen, bei dem er sicherlich an Lässigkeit einbüßte.

Schließlich hielt er Paula die Tür auf, sprang um das Auto herum und auf den Fahrersitz. *Jesus*, dieses Mädchen machte ihn wirklich nervös.

Schon während der Fahrt überlegte es sich der Regen anders. Feiner Nieselregen setzte ein und verwandelte sich schon gleich in einen kräftigen Guss. Perfekt … Linus steuerte das Auto auf den Parkplatz, sodass sie eine halbwegs schöne Aussicht auf das Wasser hatten: vor ihnen ein Stück Liegewiese, ein paar Bäume. Dahinter verschwammen See- und Regenwasser ineinander zu einer grauen Front. Er sah, dass Emre gerade dabei war, seinen Kiosk abzuschließen.

Linus stellte den Motor ab und stieg aus. »Warte mal einen Moment. Bin gleich zurück.«

Er sprintete den kleinen Uferweg entlang. Es spritzte an seine Waden, kalt und dreckig.

»Entschuldigung!« Rufend schlidderte Linus Emre entgegen. »Entschuldigung, aber könnten wir vielleicht noch eben ein Eis bekommen?«

»Ich hab grad zugemacht, Junge.«

»Ja, ich weiß. Es ist nur … es ist wirklich wichtig.« Linus drehte sich zum Auto um. Er konnte Paulas Umrisse auf dem Beifahrersitz ausmachen.

Emre folgte seinem Blick. »Kommt morgen wieder, da soll es wieder besser sein. Heute ist kein Eiswetter.« Emre bedeutete Linus mit einem Kopfnicken zu gehen.

»Hören Sie. Heute ist *der* Tag zum Eisessen. Und zwar genau hier. Bei Ihnen. Ihr Wassereis, das mit dem Kirscharoma, wissen Sie, ist schuld daran, dass ich jetzt hier im Regen stehe und für dieses Mädchen, das in meinem Auto sitzt und gerne Kirscheis isst …« Linus verlor sich im Wirrwarr seiner eigenen Gedanken. Es war sonnenklar, was er sagen wollte, aber das Kribbeln im Bauch machte es ihm unmöglich, den Worten eine sinnvolle Reihenfolge zu geben. Am Ende ging es aber genau um das: »Ich hab ihr ein Eis versprochen.« Er atmete aus.

Emre lächelte, es war ein warmes, ein verstehendes Lächeln.

»Na, dafür mache ich eine Ausnahme.« Er schloss die Türe zum Innenraum auf. »Komm rein.« Er ging zur Eistruhe. »Zweimal Kirsch nehme ich an?«

»Yes, please.« Linus kramte mit nassen Fingern in den klammen Hosentaschen nach Kleingeld.

»Lass gut sein. Das geht auf mich.«

»Danke, Mann. Sie retten gerade mein Date!«

»Das erste?« Linus nickte.

Emre seufzte. »Die erste Verabredung ist immer etwas Besonderes. Voller Versprechungen …« Emre klopfte Linus lachend auf die Schulter. »Versprecht euch nicht mehr, als ihr halten könnt. Lass dir das von einem gesagt sein, der es wissen muss.«

Auch wenn Linus den Sinn nicht ganz verstand, lachte er mit. Sie lachten über das, was die Liebe aus ihnen machte, während die Eistruhe brummte und der Regen auf die Terrassenplatten klatschte.

»Na dann los, sie wird nicht ewig warten! Außer mir tut das wahrscheinlich niemand.«

Dann trennten sie sich. Emre eilte zu seinem Transporter, Linus zu Paula. Seine Hände waren eiskalt, als er ihr ein wenig außer Atem, aber mit unverhohlenem Stolz das Eis überreichte.

Die Heizung pustete laut, und Wärme strömte in den Innenraum des Autos. Paula zog den Deckel ab und kostete vom Eis.

»Hmmm, Kirsche. Meine Lieblingssorte.«

»Ich weiß«, dachte er.

»Versprochen ist versprochen«, sagte er stattdessen. Verlegen spielte er am Türknauf und dachte an die Worte des Eisverkäufers. »Sag mal, der Verkäufer da am Kiosk ist schon ein bisschen schräg, oder?«

»Emre? Wieso?« Paula schien zu überlegen. »Eigentlich ist er total nett.«

»Ja schon.« Schließlich hatte er ihm das Eis geschenkt.

»Ich glaub, er ist heimlich verknallt«, fuhr Paula fort. »Ich bin ja oft genug hier, und meistens ist Emre allein. Aber ich sehe manchmal eine Frau bei ihm, wenn er Feierabend macht. Die beiden … ich weiß nicht. Ich bin mir sicher, die sind zusammen. Irgendwie. Wie die beiden sich ansehen …«

Linus sah Paula an. Und Paula drehte sich in ihrem Sitz zu ihm um. Für einen Moment hing das »heimlich verknallt« ziemlich offensichtlich zwischen ihnen.

»Danke für das Eis übrigens.« Paula schien ein Händchen dafür zu haben, offensichtliche Momente im Plauderton vorbeiziehen zu lassen.

»Eis im Regen …«, sinnierte sie, während sie genüsslich an ihrem Eis leckte. »Das ist auch mal was anderes. Und das an dem Ort, den ich besser kenne als mein eigenes Zuhause.«

Linus sah, wie sie sich immer wieder eine Strähne aus dem Gesicht zupfte, die Wassereistüte hin und her drehte und ihn nur für wenige Sekunden von der Seite ansah. Sie war nervös! Paula plauderte über ihre eigene Nervosität einfach hinweg. Die Freude darüber, dass er damit nicht allein war, entspannte ihn auf merkwürdige Weise. Er sank in den Sitz zurück und hörte ihr einfach weiter zu. Er hörte ihr gern zu. Vor allem konnte er nicht aufhören, ihr Gesicht dabei zu betrachten. »Ich bin überrascht, dass man immer wieder etwas Neues im Vertrauten finden kann. Vielleicht liegt es auch an dir. Deine Gesellschaft. Mit dir ist am See sein wieder neu, irgendwie.«

»Ist das schlimm?« Er schmunzelte.

»Im Gegenteil.« Paula konzentrierte sich darauf, das letzte Eisklümpchen aus der Tüte zu schieben, während Linus aufhorchte. Flirtete sie?

Er würde sie jetzt wirklich gerne küssen und ertappte sich dabei, wie sich sein Blick auf ihre Lippen senkte.

Er versuchte, auf neutralen Boden zu kommen.

»Bist du jetzt eigentlich noch mit deinen Eltern weggefahren?«

»Nein.«

Linus spürte, dass ihr seine Frage unangenehm war.

»Ihr wolltet doch ans Meer, oder?« Schweigen. Neutral war der Boden offenbar nicht, eher belastet mit etwas, das Linus nicht ausmachen konnte. Ihr Blick huschte durch das Auto und floh schließlich durch das Seitenfenster hinaus.

»Wir wollten. Wie jedes Jahr«, hörte er sie leise sagen.

»Ich war noch nie am Meer, Linus.«

»Noch nie? ›Kein-einziges-Mal-Nie‹?«

»Genau so ein Nie.«

Linus fuhr sich durch die Haare. Wie viele Wochenenden, hatte er mit seinen Eltern an der Küste verbracht, als Kind in Frankreich, später dann in den Staaten. Er liebte das Meer und die leicht salzige Luft. Vielmehr als diese kleinen Süßwassertümpel, die man mit einem Ozean wohl kaum vergleichen konnte. Aber an einem dieser Tümpel saß er mit Paula, und deshalb würde er um nichts auf der Welt gerade woanders sein wollen. An keinem Meer der Welt.

Ihre Haare waren regensträhnignass, die Haut sommersonnengebräunt.

»Die Bräune steht dir aber trotzdem, egal, wo du sie herhast, ich meine, du siehst sehr hübsch …« Ein Räuspern. »Also: Sommer steht dir gut, wollte ich sagen.«

Ihr Blick kam zu ihm zurück, offen, hell, und zack, direkt durch den Brustkorb. Wie konnte ein Herz so einen Blick überleben?

»Und du? Wo warst du?«, fragte sie zurück.

»Ich war auch nicht weg.« Zum ersten Mal, stellte Linus dabei fest. »Wir haben renoviert.«

»Auch schön.« Sie lächelte ein bisschen. »Ich verrat dir was, okay?« Sie schaute ihn verschwörerisch an und rückte ein Stück näher, beugte sich über die Mittelkonsole, ihre Hand lag auf der Handbremse.

Ohhh, ob sie geküsst werden wollte? Ob er ihre Hand berühren durfte?

Da sagte sie: »Ich find das auch gar nicht so schlimm. Hier zu sein. Ich mag das alles hier.«

»Hey, ich kann dich gut verstehen.«

»Es ist nur … meine Eltern können sich das Verreisen nicht wirklich leisten. Überhaupt können wir uns nicht besonders viel leisten. Auch kein Meer.«

Linus dachte einen Augenblick nach.

»Ich hatte keine Ahnung, ehrlich. Aber weiß du was?«

Paula sah ihn fragend an.

»Du bist happy, oder? Das ist das Wichtigste. Ich meine, du wirkst auf mich wirklich glücklich, wenn du hier bist. Und wenn du dein Kirscheis bekommst.«

Paula knüllte den kleinen Papierdeckel zusammen und warf ihn an Linus' Brust.

Linus fasste an sein Herz. »Autsch.«

»Komm, du Scherzkeks, lass uns aussteigen und ein bisschen spazieren gehen.« Paula öffnete die Tür und hielt eine Hand nach draußen. Der Schatten auf ihrem Gesicht war verflogen. »Regnet auch kaum noch.«

Sie hüpften über Matschpfützen und wichen den Ästen aus, die ihre Regentropfenlast loswerden wollten.

»Guck mal, der Dunst da bei den Weiden? Wie er am Ufer wabert – und das Licht erst! Die ganze Szenerie wie Schwarz-Weiß-Fotografie, oder? Einfach magisch. Findest du nicht?«

Ja, hatte was. Eigentlich ein guter Zeitpunkt, ihre Hand zu nehmen …

»Ich glaub ja, dass zwischen Annika und Frederik was läuft.«

Der Satz platzte in die friedliche Stimmung und baute sich turmhoch vor Linus auf. Das aufgeregte Flirren, das sich so genüsslich zwischen ihnen hin- und herbewegt hatte, ging augenblicklich in Deckung und nahm die Magie des Augenblicks gleich mit.

»Annika und Fred …?« Er versuchte, die neue Gesprächsrichtung zu deuten. »Wie kommst du darauf?«

»Ich weiß nicht.« Paula verschränkte die Arme vor der Brust und starrte zum Kiosk rüber. »Ist so ein Gefühl.«

Vorstellbar wäre es. Annika war definitiv Freds Typ. Eher als Paula, aber was wusste er schon?

»Wäre das denn schlimm? Wenn die beiden …?«

»Dafür, dass Annika meine beste und längste Freundin ist und ich in Frederik ewig lang verknallt war, find ich das schon merkwürdig.«

War. Sie hatte, *war* gesagt.

»Wirst du sie danach fragen?«, fragte er Paula. Er gab sich Mühe, seine Aufregung über das »war« zu verbergen.

»Das muss sie mir schon von sich aus erzählen.«

»Hm. Soll ich mal mit Frederik reden?«

»Auf keinen Fall!« Ihre Augen wanderten durch sein Gesicht, tasteten ab. Linus konnte ihren Blick auf seiner Haut spüren. »Nein, du musst nicht mit ihm reden. Wirklich nicht.«

»Okay.«

»Das ist alles auch nicht mehr so wichtig.«

»Nicht mehr so wichtig«, wiederholte Linus, obwohl alles, was jetzt folgen könnte äußerst wichtig war. »Warum ist es nicht mehr … so wichtig?«, wagte sich Linus ein Stück vor.

Paula rückte näher an Linus heran. Ein blumig, leichter Duft umfing ihn.

»Kannst du dir das nicht denken?« Paula sah ihn an. Wartete. Auf was?

Auf ihn. Ganz sicher. Jetzt oder nie, jetzt oder nie. Linus hob seine Hand und strich vorsichtig eine Strähne aus ihrem Gesicht. Er hatte die sichere Ahnung, dass dieses Gespräch soeben einen absolut wünschenswerten Verlauf genommen hatte. Und bevor er weiter grübeln konnte, ob er einen Kuss wagen sollte, spürte er ihre Lippen auf seinen.

Ihr Kuss war wie ein Hauch. Erst vorsichtig. Dann fest und bestimmt. Ein bisschen klebrig. Mit Kirscharoma.

Es war der Regenguss gewesen. Aus einer himmelsgroßen Kanne hatte es auf Linus und Paula herabgegossen und sie bis auf die Knochen durchweicht. Paulas Schlottern und ihr Zähneklappern hatten Linus dazu bewogen, sich von ihr, vom Ufer des Sees loszueisen und zum Auto zu rennen.

Er hatte sie nach Hause gefahren und die ganze Zeit die Heizung auf höchster Stufe pusten lassen, eine Hand am Lenkrad, die andere von Paulas kalten Fingern umschlossen.

»Ist dir immer noch kalt?«, hatte er zwischendurch gefragt.

»Mir weht ein heißer Föhn ins Gesicht, wenn das so weitergeht, muss ich zu Hause kalt duschen!«

»Ich wollte dir einen warmen Spätsommertag bereiten!«

Sie hatte ihren Kopf zurückgeworfen und gelacht. Der Abschied ging viel zu schnell, aber Paula hatte sie sich vor der Haustüre noch einmal umgedreht und ihm ein »Bis morgen, mein

Linus-Rock-Superstar!« zugerufen. Dann war sie verschwunden und Linus nickte der geschlossenen Türe zu. Bis morgen!

Morgen. Das waren circa achtzehn Stunden. Er klickte durch das Album im CD-Spieler und suchte nach dem richtigen Song. Er hatte für alle Stimmungen die passende Musik. Jetzt fand er nichts, das seinem Gefühl einen angemessenen Ausdruck verleihen konnte. Er trat aufs Gas. Er war viel zu spät dran, und das Essen war bestimmt längst kalt. Aber das spielte keine Rolle. Morgen. Morgen schon. Morgen erst.

Linus drehte ein paar extra Runden um den Block. So lange, bis er sein Glück wieder eingesammelt hatte, gut verstaut im Brustkorb, gleich neben seinem wild klopfenden Herzen.

»Wo kommst du denn bitte jetzt her?« Sein Vater öffnete die Tür.

»Hab nicht auf die Uhr gesehen.« Mit einem unterdrückten Grinsen und zwei großen Schritten verschwand er im Haus. »Tut mir leid!«

»In der Küche stehen noch Reste vom Abendessen.« Damit hatte sich die Sache zwischen Vater und Sohn erledigt.

Für seine Mutter dagegen nicht: »Kannst du dir vorstellen, welche Sorgen wir uns gemacht haben?«

Linus rollte mit den Augen, als er sich über den kalten Eintopf auf dem Herd hermachte.

»Es ist schon lange dunkel, es regnet in Strömen, und unser Sohn bleibt ohne eine Nachricht einfach weg.«

Seine Mutter hatte recht. Volljährig hin oder her. Er hatte es vermasselt. Und trotzdem: Sie nervte. Der anklagende Ton kroch durch ihn hindurch und fraß sich an seinem frischen Glücksgefühl satt.

»Ich bin ja da, Mom, was soll hier schon passieren? Wir sind nicht in einem amerikanischen Ghetto.«

»Wie bitte?«

»Ach, vergiss es.« Linus ließ den Suppenlöffel in den Topf platschen und war auf dem Weg aus der Küche, rauf in sein Zimmer.

»Linus. Was ist denn los? Darf ich mir keine Sorgen mehr machen?«

»Nein, brauchst du nicht! Ich komm schon klar. Bin ich doch immer, oder?«

»Hab ich dir was getan?«

»Mom, lass gut sein.«

»Linus!«

»Was denn? Was willst du denn hören?«

»Erst mal will ich diesen patzigen Ton nicht mehr hören!«

»Ist doch wahr! Deinetwegen ziehen wir ständig um! Bloß weg von Oma. Nie war es weit genug. Und jetzt? Jetzt mussten wir wieder hierher zurück, sogar in ihr Haus!« Linus konnte nicht aufhören. »Auf einmal ist es dir nicht nah genug, oder was? Ich versteh's nicht, okay?! Und weißt du was: Ich will's auch gar nicht mehr verstehen! Ich will jetzt in mein Zimmer.«

Ein dicker Klumpen formte sich in seiner Kehle, eine Mischung aus Wut und Heimweh, dazu das beschissene Gefühl, dass seine Mutter es geschafft hatte, einen perfekten Abend in ein Desaster zu verwandeln.

»Was ist denn hier los?« Linus' Vater stellte sich zwischen sie.

»Nichts. Ich geh ins Bett.«

»Lass mich hier so nicht stehen, Linus«, hörte er seine Mutter hinter ihm herrufen.

Linus nahm mehrere Stufen auf einmal, überhörte ihr Rufen, überhörte das empörte Knarzen der Holzstufen und knallte die Zimmertür hinter sich zu. Er drehte die Musik auf und versuchte, an Paula zu denken. An ihre Lippen. An ihre Hand in seiner.

Doch das Heimweh drängte sich dazwischen, brachte Erinnerungen mit und breitete sie vor ihm aus wie ein Bildband. Es blätterte und blätterte. Gnadenlos. Seine alte Band. Die Schulkonzerte an der Highschool, wo es immer nur Pommes gab. Die Touren in ihrem kleinen Van, vollgestopft mit ihren Instrumenten, Verstärkern und verstecktem Dosenbier. Das Gefühl, dass es immer so weitergehen würde. Aber es ging nie einfach immer so weiter. Er konnte nur auf die Zeit hoffen, bis er selbst bestimmen konnte, wann er wohin gehen würde. Und bis dahin würde er so viel Kirscheis essen wie nötig, wenn es ihm mehr Zeit mit Paula verschaffen würde.

Jemand klopfte an seine Tür. Die Klinke wurde langsam heruntergedrückt. Seine Mutter betrat zögerlich das Zimmer.

Linus zog sich ans andere Ende zurück und richtete seinen Blick aus dem Fenster.

»Linus, ich möchte mich bei dir entschuldigen.«

Er blickte weiter aus dem Fenster in die Dunkelheit.

»Ich weiß, du bist wütend auf mich.«

Er hörte, wie sie Luft holte.

»Glaub mir, ich bin auch wütend auf mich.« Sie setzte sich auf die Bettkante – ausreichend Platz zwischen Mutter und Sohn. Keine Berührungspunkte. »Ich … habe einen Riesenfehler gemacht.«

»Welchen denn? Dass wir weggegangen sind? Dass wir ständig von *irgendwo* weggegangen sind? Oder wieder zurückgekommen? Oder dass du Oma den Kontakt zu mir verboten hast? Welchen Riesenfehler meinst du?« Linus wusste, wie scharf sein Ton war. Er rechnete mit neuen Tränen, doch seine Mutter schüttelte nur kurz den Kopf.

»All das zusammengenommen. Und jetzt ist es zu spät. Sie ist tot und … ich muss damit leben.«

»Damit müssen wir jetzt alle leben.«

»Das stimmt, mein Schatz. Weil ich immer nur davongelaufen bin. Vor ihr und ihren Ansichten und ach, egal.« Sie legte eine Hand auf die Bettdecke, die Innenfläche nach oben, ein Angebot, das Linus registrierte, aber nicht annahm. »Wichtig ist: Ich möchte den Fehler nicht wiederholen.«

Sie schwiegen eine Weile.

»Versprichst du deiner Mutter etwas?«

»Tss. Was soll ich denn noch alles machen?« Er war noch nicht bereit. Zu dick war der Bildband seines Heimwehs. Er lag immer noch aufgeschlagen da.

»Ich hab dich verstanden, Linus. Ich bin wohl eine richtige Rabenmutter, oder?« Sie schluckte. »Ich bitte dich nur darum: Lauf du nicht auch davon, okay? Lauf *mir* nicht davon. Rede mit mir.«

Er wusste nicht, ob er noch wütend sein sollte, traurig, glücklich verliebt oder alles zusammen oder gar nichts davon und einfach nur leer.

Seine Mutter schaute ihn an. Sie wartete, hoffte.

Dann erhob sie sich und ging Richtung Tür. »Ich wärm dir das Essen auf, wenn du Hunger hast.«

Wow, sie klang wirklich anders als sonst. Er versuchte es: »Mom?«, hob er an.

»Ja?«

»Erzählst du mir irgendwann mal was von Oma Ella? Irgendwas Nettes? Ich meine, wenn wir schon hier in ihrem Haus wohnen … Ich hab kaum Erinnerungen an sie. Nur an ein altes, rotes Fahrrad.«

Seine Mutter musste lachen. Sie lehnte sich an den Türrahmen, ihre Augen an die Decke geheftet – oder an eine Erinnerung, die nur sie kannte.

»Deine Großmutter, Linus, war unglaublich stur.«

»Nein, so was meine ich nicht …«

»Sie war so stur, dass sie auch am Tag ihres Todes mit diesem ollen Rad zum See ist, zum Entsetzen ihres Arztes. Um dort zu baden! Du weißt schon, der Badesee hier in der Nähe. Weil sie sich von niemandem etwas hat sagen lassen.«

Und wieder dieser See. Magisch, hatte Paula ihn genannt.

Ella. Paula. Zufall? Schicksal?

Was wäre, wenn es gar keine Enden gab, sondern immer nur Fortsetzungen? Wenn ein Ende nur eine weitere Verknüpfung war, sodass es eigentlich nie aufhörte, das Leben mit seinen Geschichten? Linus schnappte sich einen Zettel und kritzelte eine Zeile: »Life is full of turning points. Death is only one of them …«

Ja, das war es. Er würde einen Song schreiben, den er mit Nox und den anderen einüben würde. Ein Song über die Liebe zu einem besonderen Ort, zu einem besonderen Menschen.

Seine Mutter stand noch immer in der Tür und beobachtete, wie er sich über das Blatt Papier beugte und notierte, was gerade durch sein Hirn schoss. Ein eindringlicher Blick. So wie Mütter gucken, wenn sie die Geheimnisse ihrer Kinder zu durchschauen versuchen. Sie wollte noch nicht gehen, das merkte er und blickte hoch. Sie schickte ihm ein Lächeln durch den Raum, kurz, huschend, ein kleines Zeichen, dass sie ihr Gespräch eines Tages fortsetzen könnten, über Enden, die keine waren, über das Davonlaufen und das Bleiben, an diesem einen Ort. Wenn er es denn wollte. Linus nickte.

Wortlos löste sie sich schließlich vom Türrahmen und schloss die Tür hinter sich.

Epilog

Nicht ohne Grund

Nachts zu meiner liebsten Stund:

Warum du,
warum ich,
warum wir?
Warum jetzt und warum hier?

Für dich
das Leben.
Für mich
ein Traum in dunkler Nacht.
Für dich
ein Kuss im sanften Regen.
Für mich
ganz anders als gedacht.

Was …?
Wer …?
… in einem fort.

… Weiß ich eines doch
über diesen einen Ort:

Nichts geschieht hier ohne Grund.

(AUS MARTYS KLADDE)

Danksagung

Es gibt diesen einen See, der mich inspiriert hat, all diese Geschichten um ihn herum zu (er)finden. Ich mochte diesen Ort immer schon gern, und als mir an einem Nachmittag »Ella« mit der Urne einfiel und die Idee für dieses Buch geboren war, habe ich noch mehr Zeit dort verbracht als ohnehin schon. Vielleicht ein bisschen wie Marty, aber nur ein bisschen.

Ich danke nicht nur »meinem« See für die Inspirationen. Ich danke vor allem den Menschen, die mir die Zeit gelassen haben, mich dem Schreiben zu widmen. Dass sie auf mich gewartet, mich unterstützt und an mein Projekt geglaubt haben. Dass sie sich hartnäckig nach meinen Schreib-Fortschritten erkundigt, sich für Leseproben begeistert und mich so oder so ermutigt haben, mein erstes Buch zu veröffentlichen.

Ich danke meiner Familie, die jeden Schritt mitgegangen ist, auch um den See. Viele Male.

Ich danke meinen Testlesern, die neben Fragezeichen auch Smileys neben den Text gesetzt haben (Krüger dankt!).

Ich danke Lektorin Kristina Wengorz, die mit doppelt- und dreifachem Kennerblick die kleinen Details und die großen Verbindungen unter die Lupe genommen hat (und eine Kussszene »entkitscht«, bei der die Emotionen mit mir durchgegangen sind – Danke!).

Ein großes Dankeschön gehört schließlich den Mitarbeitern der Buch&media GmbH in München, die sich viele Gedanken gemacht und mit viel Herzblut aus einem schnöden Word-Dokument dieses wunderbare Buch gezaubert haben.